천국 독립군

천국 독립군

목사, 장로가 변해야 교회가 살고,
교회가 변해야 나라에 평화가 온다.

김정명•이창우 지음

|일러두기
이 책은 김정명 목사와 이창우 목사의 대담 내용을 기반으로 썼습니다. 각 발화 내용으로 검정색은 김정명 목사, 적갈색은 이창우 목사의 말로 구별하였습니다. 본문에 인용한 성경은 한글 개역개정판을 따랐습니다.

"지나가는 모든 사람들이여, 너희에게는 관계가 없는가 나의 고통과 같은 고통이 있는가 볼지어다. 여호와께서 그의 진노하신 날에 나를 괴롭게 하신 것이로다."

예레미야 애가 1장 12절

프롤로그

성경 내용을 한마디로 줄인다면 "하나님 사랑, 이웃 사랑"입니다.
예수님께서 주기도문에서 하늘에 계신 "나의" 아버지라고 하지 않고
"우리" 아버지라고 하시면서 우리를 6번이나 반복해 말씀하십니다.

"새 계명을 너희에게 주노니 서로 사랑하라
내가 너희를 사랑한 것 같이
너희도 서로 사랑하라."(요13:34)

나 혼자 잘 먹고 잘 살지 않고 내 이웃을 사랑하며 함께 평화를 누리는 것
이것이 아버지께서 우리를 향해 품으신 간절한 바람입니다.

왼편 염소들은 이웃을 외면하였기에 지옥에 가고,
오른편 양들은 이웃을 사랑하고 화해와 평화를 이루었기에 천국에 갑니다.
하나님을 사랑한 실천의 열매는 바로 이웃 사랑입니다.

인자가 올 때 세상에서 믿음을 보겠느냐, 말씀하신 예수님은
아브람의 이기적이고 이로움을 좇는 믿음이 아닌,
아브라함의 이타적 믿음, 의롭고 하나님을 경외하는 믿음을 찾고 계십니다.

세상을 걱정하던 교회가 이제는 '세상이 걱정하는' 교회가 되었고,
개독교, 먹사란 조롱을 받으며,
성도들은 목사와 장로, 권사 같은 직분자들의 위선적인 모습에 상처받아
교회를 떠나고 있습니다.

무너져 가는 유럽 교회를 눈앞에 보면서도,
바알에게 무릎 꿇지 않은 7천 명을 하나님께서 숨겨놓으셨기에
한국 교회는 망하지 않는다면서,

아직도 넓은 길, 편안한 길만을 고집하며
맘껏 이 땅의 삶을 누리고 즐기는 목사, 장로, 직분자들이 있습니다.

주님께서 주인이 아닌 교회,
자신들이 주인인 교회로 만들어 가면서,
교회를 섬기고 있다고 착각하는 목사, 장로, 직분자들이여!

지금이라도 잘못을 회개하여 욕심과 교만을 버리고,
좁은 길, 불편한 삶으로 옮겨 가는 것만이
교회를 회복하는 길임을 어서 깨달아야 합니다.

하나님 은혜에 보답하는 마음으로
자기를 온전히 부인하고 십자가를 지고 변화되어 예수님을 따릅시다.
예수님께서 내 맘에 들어오신 후 새사람으로 청함을 받았으니,
택함을 입은 자 되어 새로운 시대, 희망의 씨앗이 됩시다.
예수님의 온유하심과 겸손하심을 더욱 닮아갑시다.

이제 우리가 살 길은 우리의 거듭남에 달려 있습니다.
교회와 대한민국을 살리는 것이 우리에게 달려 있습니다.
아버지 집으로 돌아온 탕자의 귀향이
현재를 살아가는 우리를 통해 다시 한번 실현되기를 고대합니다.

"길 가는 모든 나그네여 이 일이 그대들과는 관계가 없는가?
주님께서 분노하신 날에 내리신 이 슬픔, 내가 겪은 이러한 슬픔이,
어디에 또 있단 말인가!"(애1:12 새 번역)

김정명

목차

제 1 장

은혜를 은혜 되게

은혜를 은혜 되게 합시다

"그러나 내가 나 된 것은 하나님의 은혜로 된 것이니 내게 주신 그의 은혜가 헛되지 아니하여 내가 모든 사도보다 더 많이 수고하였으나 내가 한 것이 아니요 오직 나와 함께 하신 하나님의 은혜로라"(고전 15:10)

이창우 목사님, 목사님 생각에는 우리 같은 기독교인이 무슨 단어를 제일 많이 쓰는 것 같아요?

글쎄요, 목사님. 아무래도 믿음 아닐까요? 저는 '믿음'이라는 단어가 기독교에서 가장 많이 쓰는 단어이지 않나 생각합니다.

네, 그렇죠. 그 말씀도 맞지만, 저 같은 경우에는 '은혜'라는 말을 우리가 제일 많이 쓰지 않나 생각하거든요. 저부터도 그렇고요.

예, 맞습니다, 목사님. 저도 생각해 보니 정말 그렇습니다.

교회에서 성도님들이, 목사님 설교 듣고 "오늘 은혜받았습니다.", 장로님 기도에도 "오늘 은혜받았습니다.", 찬양에도 "은혜받았습니다."라고 제일 많이 말씀하시는 것 같습니다. 특송하는 성도님 경우에도 "제가 노래는 잘하지는 못하지만, 제가 부르는 이 찬양의 가사를 통해 은혜 많이 받으시길 바랍니다."라고도 말을 많이 하시잖아요? 아무튼 은혜라는 말을 굉장히 많이 쓰고 있어요.

정말 그렇군요, 목사님.

목사님들도 교회가 커지면 자기 노력으로 교회가 부흥했다는 말은 절대 안 합니다. 하나님께서 은혜 주셔서 부흥했다고 그래요. 장로님들 중에서도 사업하시는 분들 보면, 사업에 성공한 것도 모두 하나님의 은혜셨다고 말하고요. 그런데 제가 생각할 때는, 그 '은혜'가 진짜 어떤 은혜인지는 잘 모르면서 다들 습관처럼 그냥 쓰는 것 같습니다.

아시는 분들은 또 아시겠지만, 기독교 안에서 '은혜'라는 단어가 가진 원래 뜻은, '받을 자격이 없는 사람한테, 아무 이유도 조건도 없이 거저 주는 것', 이게 은혜잖아요. 목사님들이 "하나님의 은혜로 교회가 부흥했다."라고 말합니다. 그러면 그 목사님들이 과연, 자격도 없는 나에게 이렇게 성장한 교회에서 담임 목회를 할 수 있도록 이렇게 값없이 큰 은혜를 베풀어 주셨구나, 생각할까요? "당신들 쉬고 있을 때 나는 성도 가정과 사업장에 열심히 심방 다녔고, 다들 잠잘 때 나는 잠 안 자고 목이 쉬도록 하나님께 매달려서 통성으로 기도했어. 발바닥에 불이 나도록 달려 다니고 뛰어다니면서,

이 동네 저 동네 다니면서 내가 얼마나 전도지 돌리고 돌아다녔는지 알아? 새벽이고 저녁이고 매일 설교하고, 그 설교 준비하기 위해 내가 단 한 번도 맘 편히 쉴 틈이나 있었는 줄 알아? 내가 교회를 이 정도까지 크게 성장시키기 위해 얼마나 열심히 노력했는지, 해 보지도 않은 당신들이 알기나 할까?" 이렇게 생각 안 한다면 정말 다행인 겁니다.

백 번이고 천 번이고 양보해서, 정말 그렇게 인간이 할 수 있는 노력을 다 기울였다고 할지라도, 교회를 세우시는 분은 온전히 주님이신데(마 16:18), 인간인 자기가 노력했다고 공을 내세우고 목사님 본인이 영광을 취해 버릴 것이 아니고, 도리어 주님 은혜에 감사하여 이전에 했던 노력보다 더욱, 백배 천배 노력해야 하는 것은 아닐까요?

값없는 귀한 은혜를 자격 없고 부족한 종에게 베풀어 주셔서 교회를 부흥케 하셔서, 이전보다 많은 양들을 교회로 모이게 하시고 말씀으로 먹이고 돌보게 하시니, 이런 하나님 은혜에 감사하여 이전보다 더욱 정직하게 살기 위해 노력하고, 예수님 성품 닮아 항상 겸손하고 온유해지려고 노력하며, 이전보다 더 열심히 기도하고 전도하고, 심방하고, 말씀 묵상 더욱 열심히 해야 하진 않을까요? 예수님께서 말씀하신 심판 때의 오른편 양처럼(마 25:33), 주님께서 허락하신 이 땅의 삶 가운데, 가난한 이웃들을 더욱 섬기며 이웃에게 더 칭찬받고 존경받는 그런 목사로 점점 성화 되어 가는 노력을 이전에도 했다면, 이전보다 더욱 해야 하는 것은 아닐까요?

그런데, 실상은 저를 포함한 많은 목사님이 지금까지 그렇게 하지 않아 왔다는 겁니다. 주님 은혜를 많이 받아 부흥한 교회를 담임하게 되었던 목사님들이 더욱 그렇게 하지 않아 왔던 것이, 바로 오늘의 대한민국, 나아가서 전 세계를 아울러 지금 멸시받고 있는 기독교와 목사와 기독교인의 지위를 스스로 만든 것입니다. 우리 예수님이 사람들에게 무시당하고 계신 겁니다. 바로 저를 포함한 목사들이 그동안 본을 보이지 못했기 때문입니다.

네, 저도 목사로서 함께 반성하고 있습니다.

지금 어떤 교회가 성도 천 명이 예배에 출석할 정도로 부흥했습니다. 천 명 정도 성도가 다니는 규모가 되는 교회에서 담임을 맡은 목사님이라면, 예를 들어, 차는 얼마짜리를 타야 할까요? 나름대로 품위유지를 하려 한다면 말입니다.

이건 그냥 제 개인적인 생각입니다만, 교회 크기에 비례해서 담임 목사님도 그에 걸맞은 차를 타야 한다고 일반적으로 생각할 것 같습니다.

저도 그 점에 동의합니다. "내가 대략 5천만 원 정도의 차는 타야 이 정도 부흥한 교회의 담임 목사라고 할 만한 품위를 유지할 수 있다."라고 대체로 우리가 이렇게 생각하는 것 같아요. 그러면 실제로 그 목사님이 5천만 원짜리 차를 탈까요? 아닙니다. 오히려 7천만 원짜리나 8천만 원짜리 차를 탑니다. 받은 은혜의 100%가 아니라 200%를 누리고 있는 것이 우리네 현실입니다.

네, 안타까운 현상입니다만, 제가 봐도 그런 것 같습니다, 목사님.

그래서 사람들이 그리스도인들을 비난하는 거라고 저는 생각합니다. 정말로 온전히 하나님의 은혜라고 생각했다면, 담임 목사로서 5천만 원짜리 차를 탈 형편이 된다 해도, 본인은 3천만 원 정도의 차를 타고 나머지 2천만 원은 어려운 교회나 이웃을 도와줘야 세상 사람들이 봤을 때도 모범이 좀 되지 않을까요? 나는 주님 은혜로 이렇게 큰 교회에서 목회하는데 다른 개척 교회 목사님들은, 상가 지하에서 혹은 그나마 나을 때 상가 2, 3층에서, 그것도 교인이 많은 경우에나 20명 혹은 30명까지 되는데, 아무튼 적은 수의 교인과 함께 너무나 어려운 환경에서 정말 애를 쓰고 있단 말입니다. 큰 목회 하나, 작은 목회 하나, 모두 하나님의 나라와 의를 위해서 한다고 목숨 걸고 하는 것은 다 마찬가지 아니겠습니까? 하나님께서 이 땅에서 양을 먹이라고 똑같이 목사 시켜주셨는데, 하나님 은혜 받아서 큰 목회 한다면서 마치 세상의 비즈니스 관점으로 계산하는 것인 양, 좋은 결과물을 나 혼자 다 누려버리면 그건 잘하는 것이 아니라는 생각은 저만 하는 것일까요?

이창우 목사님도 지금 개척교회 하시지만, 개척교회 목사님들은 자기 교회 소유 건물로 예배당 하나 마련하여. 100명에서 많게는 200명 성도가 함께 모여 목회하는 것이 간절한 소원이랍니다. 이창우 목사님도 그런 소원 혹시 있으시죠?

하하, 저는 아직 잘 모르겠습니다.

그런데도 평생 이런 소원 못 이루고 은퇴하시는 분들이 훨씬 많습니다. 그런데 자신은 자기가 담임 목회하는 교회 소유 예배당에서 천여 명 성도와 함께 목회하는 복을 누리고 있는데, 하나님께서 값없이 주신 열매인 그 물질마저 혼자서 다 누려버린다면, 그건 하나님 은혜가 아닌 온전히 자신의 노력만으로 일군 것으로 생각했기에 그럴 수 있을 거로 생각합니다. 교회가 부흥된 것이 오직 하나님의 은혜라면, 또 정말 그렇게 생각한다면, 나는 담임 목사로서 품위 유지 정도만 하고, 나머지 열매들은 어려운 이웃과 더불어 누려야 진정으로 주님 기뻐하시는 일을 하는 것은 아닐까요?

사업도 마찬가지라고 생각합니다. 내가 사업에 성공했어요. 사람들은 성공하면 제일 먼저 차와 집부터 바꾸더라고요. 이른바 성공했다는 사람들이 모든 열매를 자기가 맘껏 다 누려버립니다. 예수님께서 명령하신 이웃 사랑은, 겨우 생색용 혹은 체면 유지용으로나 한다는 것입니다. 하나님의 은혜로 복을 받았다고 생각한다면 정말 그럴 수 있을까요?

목사님 말씀을 듣고 저부터 반성하게 되는 것이 정말 많습니다. 말씀을 듣고 보니, 한국 교회에서 가장 오해하고 있고, 또 가장 소개가 제대로 되지 않은 것이 바로 '은혜'인 것 같습니다.

은혜를 말하면서, 말하는 사람들부터 은혜를 오해하는 것입니다. 말로는 얼마든지 은혜, 은혜 하면서, 받은 은혜를 이웃과 나누는 것은 없이, 그저 말만 하고 있을 뿐이지요. 실은 나란 사람은 주님의 은혜를 누릴 자격이 없는 거예요. 그러므로 그 은혜를 혼자 다 누리면 안 되고 나는 그저 품위 유지만 하고, 하나님께서 다른 사람들에게 여시는 축복의 통로가 돼야 하는 거예요.

목사님 말씀을 듣고 저부터 반성하게 되는 것이 정말 많습니다.

제가 최근에 들은 이야기인데요, 이분들이야말로 은혜가 진짜 무엇인지 잘 아신 분들 같았습니다. 어느 복지관에서 사용하던 자동차가 10여 년 타다 보니 많이 낡게 되어서 그만 폐차하기로 했답니다. 업무를 담당하시는 분이 폐차 업무를 보면서, 이 차를 후원해 주신 분한테 그동안 잘 사용했다면서 찾아뵙고 인사드리는 게 도리이겠단 생각이 들었답니다. 그래서 담당자가 후원자분께 찾아가 "후원자님께서 우리 복지관에 이 차를 13년 전에 후원해 주셔서 지금까지 감사히 잘 사용해 왔는데, 이제는 차가 너무 낡다 보니, 그만 폐차하려고 합니다. 그동안 정말 감사히 잘 사용했다고요, 감사 인사드리려고 오늘 찾아뵌 것입니다."라고 말했답니다. 그때, 사업체를 운영하시는 후원자 사장님은 출장 가고 사모님만 계셨답니다.

"우리가 지금까지 복지단체에 차를 30여 대 기증해 왔는데 이렇게 폐차한다고 인사하는 분들은 처음입니다."

이렇게 말씀하시더니 남편분한테 전화를 걸어, "여보, 지금 복지관에서 차를 폐차한다면서, 그동안 고마웠다고 인사하러 왔어요. 당신은 돈을 더 벌어야 하겠습니다. 차를 한 대 더 사 드려야 하겠어요." 하더라는 겁니다. 복지관 담당자가 복지관에 돌아와 보니, 그 사장님이 직접 전화하셨답니다. "제가 지금 대리점에 새 차를 주문해 두었습니다. 서류작성은 직접 와서 해야 한다고 하니, 한 번 가서 서류 쓰시고 차를 가져다 쓰십시오."

복지관으로서는 처음에 차를 기증받으면서 감사 인사 했을 거 아닙니까? 그것으로 끝나도 됩니다. 그런데도 폐차하면서 다시 한번 그 은혜에 감사했어요. 주신 분들이 생각할 때 차를 잘 쓴 이후로는 당연히 그것으로 끝나는데, 이렇게 폐차하면서 또 한 번 감사하니까 후원해 주셨던 분들이 또 은혜를 받고, 그 은혜가 다시 감사가 되어 차를 또 기증해 주시더라는 겁니다. 나중에 알고 보니, 기증하신 사장님 부부는 장로님과 권사님이고 복지관 직원들은 집사님들이었대요. 이분들 모두 감사하게도 주님 은혜를 알았던 겁니다.

이 은혜가 진정한 은혜가 되려면, 은혜받은 우리가 노력해야 해요. 내가 은혜를 받았는데 내 선에서 그 은혜가 끝나버리면 그 길이 막히는 겁니다. 다시 말해서, 받은 감사함을 내가 다시 나눌 때 은혜가 진정한 은혜가 됩니다. 그 은혜가 은혜 되어서 감사가 되고, 다시 은혜가 되고 감사가 되어 좋은 순환을 하지 않습니까? 결국 우리 하나님께서 이 모든 사람의 삶을 통해 영광을 받으시는 겁니다.

그저 값없이 받은 은혜인데 자기가 움켜쥐고 자기 것인 양해버리면 은혜가 안 되고, 은혜가 은혜 되지 않는 순간 그때부터 문제가 되기 시작하는 거죠. 어떤 교회가 하나님의 은혜로 부흥이 되었으니, 이제는 선교도 할 수 있게 되었습니다. 그런데도 이 행위가, 진정으로 은혜에 감격한 마음이 아닌 생색용 혹은 과시용으로 하는 것은 아닌지, 항상 깨어 있어서 조심하고 또 조심하셔야 한다고 생각합니다.

"생색용 은혜"라는 말이 저에게 큰 충격으로 다가옵니다.

한편, 미자립 교회나 선교사들 가운데에도 후원이나 지원받는 것에 대해 진정 은혜로 알고 감사하는 것이 아니라, 내가 가난하니까 받는 것이 당연하다고 생각할 수 있는 것을 늘 조심하고 경계해야 한다고 생각합니다. 마음에서부터 깊이 감사할 줄 모르고 그냥 형식적인 감사로 흐르지 않도록 말입니다. 이것을 진정으로 은혜로 받아들였다면, 그동안은 하루에 30분 기도해 왔던 것을 이제는 40분, 1시간으로 기도가 늘어나야 합니다. 사역에 더 열정적으로 되어야 합니다. 그런데 어떤 사람이, 나는 가난하기에 부자한테 공급받는 것을 당연하다고 생각하면, 내 안에, 그리고 내 사역 가운데 변화가 일어나지 않습니다. 더 나아가, 고약한 사람들은 아예 대놓고 후원 판매를 합니다. 여기저기 막 후원을 부탁해서 받고, 이 은혜를 이용해서 받은 것을 자기들이 더 누려버리고 도리어 부를 쌓는다는 말입니다. 저는 사도 바울이 은혜를 진짜로 안 사람이라고 생각합니다. 바울이 그 은혜를 고린도전서 15장 10절에 말했잖아요.

"그러나 내가 나 된 것은 하나님의 은혜로 된 것이니 내게 주신 그의 은혜가 헛

되지 아니하여 내가 모든 사도보다 더 많이 수고하였으나 내가 한 것이 아니요, 오직 나와 함께 하신 하나님의 은혜로라."

사도 바울은 "내가 한 것이 아니다. 내가 선교사고, 설교자고, 능력이 많아서, 내가 부흥시키고, 예배당 건축하고, 병 고치고, 사역을 잘한 것이 아니고, 오직 하나님의 은혜다."라고 고백했습니다. 바울은 평생 그 은혜 안에 살았습니다. 그 은혜를 알게 되니 철저히 자기를 부인하게 되었고요. 살든지 죽든지 먹든지 마시든지 오직 주님만을 위한 삶이 되었지요(고전 10:31). 그런데 우리는 그 은혜를 자기 것으로 생각해서 본인이 다 누려 버리고, 이런 식으로 은혜를 오용하고 남용하니까, 우리에게 베푸신 분으로서는 얼마나 언짢겠어요? 그래서 저는, 아까도 말씀드렸듯이, 목사님들과 장로님들에게 계속해서, "하나님의 은혜로 차를 사게 됐으면 5천만 원짜리 살 형편이라 하더라도 5천만 원짜리 사지 말고 3천만 원짜리 사고, 2천만 원은 어려운 사람 도와드리세요." 이렇게 말씀드렸죠. 그런데 이런 부탁을 아무리 해도 모두 외면하더군요.

그래서 이제는 제가 이렇게 바꿨어요. 그러면 좋습니다. 당신 마음이 시키는 대로, 당신 형편대로 타세요. 그 대신 당신 주변에서 가장 어려운 사람을 찾아가서 "내가 믿는 예수님이 당신한테 선물 드리라고 하십니다."라고 말하고, 차량 가격의 10분의 1 정도를 힘들게 생활하시는 이웃에게 선물로 드리면 어떨까, 이런 권면을 드리는 겁니다.

　이런 일이 지역에서 교회를 통해, 성도를 통해, 10번이고 100번이고 반복된다면, 지역 사회와 교회가 다 함께 잘살게 됩니다. 왜일까요? 모든 사람이 다 은혜를 받으니까요. 그런데 실은 사람이란 존재가 본디 나누기보다는 자신이 더 누리려는 속성을 가지기에 너무 안타까운 마음이 들 뿐입니다.

　저의 경우를 말씀드리면, 우리 교회가 부흥이 된 다음에야 그 모든 것이 하나님의 은혜인 줄 알았습니다. 비록 늦게 깨닫긴 했지만, 그 은혜를 제가 다 누린다는 것이 하나님께 너무 죄송했습니다. 그러던 차에, 어떤 분이 저한테 승용차를 사주시겠다고 했습니다. 저는 차가 필요 없다고 했지만, 그분이 기어이 사주신다고 했어요. 그래서 그 당시 프라이드라는 차량을 사달라고 했더니 목사님이 어떻게 그런 낮은 급을 타냐, 하시더군요. 어쨌든 결국엔 설득을 잘 당하셔서? 프라이드를 사 주길래 제가 감사히 잘 타다 얼마 후에 러시아 선교사 한 분이 차가 필요하다고 하길래 그분께 드렸습니다. 그러고 나서 또 한동안 제게 차가 없었는데, 또 다른 분이 저한테 당시 세피아라는 모델의 차 한 대를 사 주셨습니다. 그런데 제가 가만히 생각해 보니, 차 한 대로 인해 한 달에 지출하는 비용을 따져보니, 감가상각비니, 보험료니 해서, 한 달에 50만 원 많게는 100만 원쯤 되더군요. 그 많은 돈을 오직 차 한 대 때문에 매달 다 써버리는 것이었어요. 실은 제가 살고 있는 이곳 여수는 자가용 타고 다닐 정도로 큰 규모의 도시가 아니거든요. 교회에 승합차도 이미 4대나 있었습니다. 그래서 결국 그 차도 없애고 말았습니다. 제가 가끔이나마 차가 필요하면 교회 승합차 타면 되었으니까요.

제가 늦게나마 은혜를 알고 나니 이 정도는 생각하고 실천할 수 있는 상태에 이른 것이었습니다. 교인들이 얼마나 힘들게 일해서 낸 헌금인데, 내가 쓸데없이 한 달에 100만 원씩이나 헛돈을 쓰겠냐 싶어지니, 차가 필요할 때는 교회 승합차를 타고, 승용차를 꼭 타야 할 상황이면 성도님들께 부탁했습니다. 제가 목사로서 정년이 되기 전에 은퇴를 일찍 하기로 했는데, 은퇴 이후로는 교통이 불편한 곳에 살게 되었기 때문에 장로님들에게 말했습니다.

"내가 불편한 건 괜찮은데 내가 버스 타고 다니면 은현교회가 욕먹을 수 있습니다. 그래도 나름 여수에서 유명한 교회이고, 나도 원로 목사인데 대우를 안 해 준다고 말이오. 그러니 경차로 한 대 사 주면 고맙겠소."

대뜸 큰 차를 사 준다고 하는 것을 경차로 부탁했고, 대신 차량 가격이 그렇게 비싼 것은 아니니 교회 재정으로 인심 쓰고 생색내지 말고, 장로님들끼리 돈을 모아서 사 주면 고맙겠다고 했습니다. 결국 장로님들이 개인적으로 돈을 모아서 저에게 경차를 사줬지요.

이렇게 우리 믿는 자들이 먼저 은혜를 알아서 은혜가 은혜 되게 하면, 사람들의 사이가 좋아져서 서로 오순도순 지낼 수 있고, 우리 가운데 주님께서 주는 평화가 임하게 됩니다. 주님께서 우리에게 똑같은 은혜를 주셨지만, 받은 사람이 은혜를 아느냐 모르냐에 따라서, 우리가 사는 이 땅이 천국이 될 수도 있고, 지옥이 될 수도 있다고 생각합니다. 예수 그리스도를 믿는 우리가 먼저 이 귀한 은혜를 제대로 알고 나누고 전해서, 이 땅에 하늘나라가 임하도록 다 같이 노력해야 한다고 생각합니다.

은혜를 잊지 맙시다

목사님, 좋은 말씀 감사드립니다. 저를 비롯해 교회의 리더들이 먼저 은혜를 바로 알고 실천해야 함을 통감합니다. 그렇다면, 우리가 은혜에 대해 깊이 있게 성찰할 수 있는 예를 한번 말씀 부탁드립니다.

제가 지금 은혜를 말하고 있지만, 실상은 저부터도 배은망덕한 사람인 것을, 주님께서 최근의 제게 깨닫게 해 주셨습니다. 제가 군대에 갔다가 1973년에 제대하고 돌아와 교회에서 사역하기를 원했는데, 주님께서 불러 주신 곳이 없어 당시에는 몸도 마음도 방황하는 중이었습니다. 그러던 중에, 미국의 마일스 선교사님이란 분이 한국으로 오셔서, 순복음교회가 없는 전국 시 단위 지역에 개척교회를 세우신다는 소식을 들었습니다. 저 역시 소문을 듣고 그 선교사님을 찾아갔지요. 그런데 이미 목회자들이 많이 신청

해서 많은 지역에 순복음교회 개척이 다 시작되었는데, 전라북도 김제읍 한 곳이 남았다는 것입니다. 그 지역이라도 교회를 개척할 의향이 있으면 지방 회장의 추천을 받아 오라고 하길래 당시에 제가 속해 있던 지방회의 회장님 에게 추천장을 받아 김제 교회 개척 자금을 신청했습니다.

주님 은혜로 다행히도 마일스 선교사님이 제게 기회를 주셨는데, 김제 에서 예배드릴 만한 건물을 직접 찾으면 전세 자금을 줘서 건물을 빌릴 수 있도록 해 준다고 했고요. 결국 20여 평 되는 예배당을 얻어 김제에서 개척 교회를 시작했습니다. 주님 은혜로 얼마 지나지 않아서, 교회에 성도들이 많이 모여 당시 예배당으로는 감당이 안 될 정도까지 되었습니다. 예배당을 새로 짓기로 했는데, 당시 반환받은 전세자금에 선교비까지 또 후원해 주셔 서, 그 자금으로 예배당 지을 땅을 살 수 있었습니다. 모든 것이 주님 은혜 셨고, 마일스 선교사님 덕분이었던 것입니다. 그런데 50년이 지난 지금, 저 의 지나온 인생과 목회 생활을 정리하며 뒤돌아 보니, 제가 그동안 한 번도 마일스 선교사님께 저 개인적으로 깊은 감사를 표했거나 교회 차원에서도 감사패 하나 드린 적이 없었음을 깨닫게 되었습니다. 오직 주님께서 하셨다 고 생각하고 너무 당연히 받기만 했던 것입니다.

정말로 배은망덕한 사람이 있다면 그 누구보다 저 자신이었음을, 이제 야 깨달았습니다. 늦었지만 이제라도 회개하는 마음으로 감사를 드리고 싶어서, 미국의 "하나님의 성회" 총회에 연락해 보니, 마일스 선교사님은

1992년 12월 30일에 은퇴하셨고, 지난 2000년 8월 10일에 이미 소천하셨다고 하더군요. 마일스 선교사님은 생전에 필리핀에 200여 교회를 개척하셨고, 한국에도 200여 교회를 개척하셨다고 합니다. 당시에 마일스 선교사님께서 교단 내 지방회별로 교회 2개씩을 개척할 수 있는 자금을 지원해 주셨다고 들었던 것도 이제야 기억이 떠올랐습니다.

너무 많은 세월이 흘렀지만, 자손들에게라도 회개와 함께 감사를 드리고 싶어, 선교사님 자손들 연락처라도 있다면 알려 달라고 다시 한번 총회에 연락했습니다만, 아직 연락받지는 못한 상태입니다.

옛말에 은혜는 물에 새기고 원수는 돌에 새긴다고 했는데, 다른 사람이 아닌 바로 저를 가리킨 말인 것 같습니다. 눈에 보이는 사람의 은혜도 감사하지 못하고 너무나 당연하게 받고 또 까맣게 잊어버리면서, 어떻게 눈에 보이지 않는 하나님의 은혜를 모두 기억한다고 말할 수 있겠습니까? 만사가 이렇다면, 제가 깨닫고 기억하는 하나님의 은혜는 제가 받았다고 생각한 은혜 가운데 일만분의 일도 채 되지 않을 것 같다는 생각이 들었습니다.

그런 사연이 있으셨군요. 그런데 막상 그 상황에서는 저도 목사님처럼 하나님께서 하셨다, 하고 당연히 받았을 것 같습니다.

배은망덕한 자의 무리에 제가 아는 누군가도 끌어들여 함께 회개하고 반성할 기회를 군이 찾아보고자 한다면, 제가 알기에 인류의 조상 아담도 은혜 아는 데 가장 실패한 사람입니다.

오직 하나님의 은혜로 에덴동산의 주인이 되었는데, '이 에덴동산은 네가 관리하기는 하지만, 진짜 주인은 하나님이다.'라는 것을 가르쳐 주시려고 하나님께서 선악과를 못 먹게 하신 거거든요.

아담은 선악과를 볼 때마다 에덴동산의 "아! 진짜 주인은 하나님이시다!" 이렇게 생각하는데, 하루는 마귀가 와서 거짓말로 꾀지 않습니까? 그렇더라도 아담이 "나에게 두 번 다시 헛소리하지 마라! 이 동산의 주인은 하나님이야!" 이래야 할 텐데, "내가 한 번 주인이 돼 버려?" 하고 생각하게 됩니다. 사탄이 준 교만과 욕심이 아담 속에 들어오게 된 거죠.

아담에게 지금 부족한 게 아무것도 없습니다. 혹시나 낫기 어려운 병에라도 걸려서 병 낫고 싶은 생각에 선악과 따 먹은 거 아니잖아요. 아무리 먹어도 다 못 먹을 정도로, 먹을 음식이 천지에 널렸잖아요. 그러나 교만과 욕심으로 인해 하나님의 은혜를 망각하는 순간, 피조물에 불과한 자기 분수는 잊어버리고, 스스로 하나님이 되려는 교만과 욕심 때문에 하나님께서 먹지 말라 하신 그 열매를 따 먹다가 그만 실패를 한 겁니다. 이처럼, 하나님께서 우리에게 은혜를 아무리 많이 주신다고 해도, 받은 자가 은혜를 모르면 그것이 화가 돼 버릴 수밖에 없습니다.

좋은 말씀 감사드립니다. 결국, 아담도 은혜를 망각했기 때문에 타락했다는 생각이 듭니다. 아담은 실패 사례인데 혹시 은혜를 제대로 알았던 사람의 예를 소개해 주실 수 있으신지요?

제가 보기에 하나님의 은혜를 제일 잘 이해했던 사람 중 하나가 러시아 작가인 도스토옙스키라고 생각합니다. 이 사람이 19c 중반에 살았던 사람이잖아요. 시기가 시기이다 보니, 요즘 말로 하면 진보 모임 즉, 공상적 사회주의를 신봉하는 급진적 정치 모임에 참가합니다. 당시 황제였던 차르 니콜라이 1세는 첩자를 보내 이런 정치 모임들을 감시하던 차였는데, 당시에 불온 문서로 간주하였던 편지글을 하필 도스토옙스키가 그날 낭독하여 체포됩니다. 황제는 당시 확산하던 급진주의 정치 모임에 경고장을 날리고자, 시범적으로 도스토옙스키에게 사형 선고를 내렸습니다. 사형이 집행되기 직전에 황제가 사면령을 내려 극적으로 죽음은 면하게 되었지만, 대신 시베리아에서 4년의 감옥생활과 4년의 수비대 복무 생활을 합쳐 총 8년에 이르는 시베리아 유형 생활을 하기에 이릅니다. 도스토옙스키가 그곳에서 지옥을 발견합니다. 유배지에 온 사람들이 사람인 것은 분명한데, 온갖 죄지은 자들을 한곳에 모아 놓으니, 서로 미워하고 증오하고 저주하고, 배려는커녕 체면도 예의도 없습니다.

분명히 사람임에도 불구하고, 오직 자신의 감정과 욕구대로, 사람 간에 지켜야 할 최소한의 도덕도 존재하지 않습니다. 마치 짐승 같을 뿐이었습니다. '아, 이게 지옥이구나! 사랑이 없는 곳.' 그때 도스토옙스키가 천국을 생각합니다. 지금 있는 자리에서 서로 사랑하고 배려하고 존중하고 용서하고 용납하면서 함께 평화를 누리는 곳이었지요. 이 시기에 도스토옙스키가 하나님의 은혜를 절실하게 깨닫게 되었고, 이후 인생을 통해 평생 은혜의 삶을 살아가게 되는데요.

도스토옙스키가 명작을 남길 수 있었던 이유가 결국 이 은혜를 경험했기 때문이군요.

"그 때에 이리가 어린 양과 함께 살며 표범이 어린 염소와 함께 누우며 송아지와 어린 사자와 살진 짐승이 함께 있어 어린아이에게 끌리며 암소와 곰이 함께 먹으며 그것들의 새끼가 함께 엎드리며 사자가 소처럼 풀을 먹을 것이며 젖 먹는 아이가 독사의 구멍에서 장난하며 젖 뗀 어린아이가 독사의 굴에 손을 넣을 것이라 내 거룩한 산 모든 곳에서 해 됨도 없고 상함도 없을 것이니 이는 물이 바다를 덮음 같이 여호와를 아는 지식이 세상에 충만할 것임이니라."(사 11:6~9)

도스토옙스키가 남긴 최후의 걸작 《카라마조프가의 형제들》이라는 책에 '양파 한 뿌리'라는 이야기가 등장합니다. 같은 지옥을 두고, 도스토옙스키는 '선한 일을 안 해서' 지옥에 갔다고 해석하고, 단테는 신곡에서 '죄를 지어서' 지옥에 갔다고 해석했습니다. 내용은 이래요.

착한 일이라고는 단 한 번도 하지 않고, 아주아주 못되게 살았던 어떤 할머니가 죽었는데 지옥에 갔습니다. 그런데, 할머니의 수호천사가 "인과응보다. 심은 대로 거두는 것을 내가 어찌하겠어?" 하지 않고, 하나님께 찾아가 할머니를 구해달라고 애원했답니다. 하나님께서는 할머니가 살아생전에 한 번이라도 선행을 한 적이 있다면 구원해 주시겠다고 천사와 약속하지요. 그 약속에 소망이 생긴 천사는 할머니를 포기하지 않고 지옥에서 건져내려고 모든 노력을 다합니다. 아무리 해도 도저히 할머니를 살려낼 방법이 없습니다. 그런데도 끝까지 포기하지 않고, 방법을 찾고 또 찾다 보니까, 할머니 평생에 딱 한 번! 양파 한 뿌리를 밭에서 뽑아서 거지에게 준 적이 있더랍니다. 이 '선행'을 가지고 천사가 하나님한테 갔습니다.

"하나님! 저 할머니가 지나가는 거지에게 양파 한 뿌리를 주는 선행을 하였습니다. 이렇게 착한 일을 하였으니, 지옥에서 천국으로 보내 주세요."

"그래? 그럼, 그 양파를 가지고 할머니에게 가서, 양파 뿌리가 안 끊어지고 할머니가 끌어올려지면 천국에 데려오도록 해라."

하나님께서 허락하시자 천사가 지옥으로 할머니를 찾아갔습니다.

"할머니, 할머니! 할머니가 이렇게 착한 일을 했군요?! 이 양파를 붙잡고 올라오세요!"

할머니가 양파 뿌리를 붙잡자, 천사가 양파를 끌어 올리기 시작했습니다. 그때 지옥에 같이 있던 사람들이 "천국으로 가다니, 정말 축하하오! 바이 바이, 잘 가시오. 할머니."라고 인사하고, 할머니는 할머니대로 자기 몫을 가지고 천국으로 가고 그랬을까요? 아니요. 지옥에 있던 사람들이 너나 없이 지옥에서 탈출하고자 할머니에게 매달렸습니다. 그러니까 이 할머니는 "이건 내 양파야! 나는 착한 일 해서 천국 가는데 너희들은 그런 거 없잖아!"하면서, 다른 사람들을 발로 마구 차며 떨쳐냈습니다. 고작 양파 한 뿌리가 이런 상황에서 버틸 수 있을까요? 양파 뿌리는 결국 끊어지고 말았고, 할머니도 다시 지옥으로 떨어졌습니다. 천사는 결국 울면서 지옥을 떠나갔습니다.

이 할머니는 안타깝게도 결국 지옥 불에 떨어지고 말았지만, 천사는 할머니를 포기하지 않고 천국으로 인도할 방법을 계속 고민하고 찾아다녔다고 하잖아요? 바로 이겁니다. 이분이 바로 예수님입니다. 우리를 천국으로 인도하시기 위해서 끝까지 우리를 포기하지 않으시고, 끝까지 도우시고 끝까지 중보해 주시는 예수님! 짧고도 부드러운 양파, 그것도 고작 뿌리 하나에 지나지 않은 그 양파가 사람을 지옥에서 천국으로 끌어올릴 힘은 절대 갖고 있지 않습니다. 그러나 거기에 신의 은총이, 하나님의 은혜가 임하니까 힘이 있는 겁니다. 그런데 하나님께서 그 양파 한 뿌리에 입혀 주셨던 이 은총은, 우리가 함께하고 서로 사랑하고 서로 하나 될 때 효력을 발휘하는 것입니다. 천국은 사랑의 공동체입니다. 내 것만이 아닌 우리의 것입니다.

근데 이 할머니는 이 은총을, 이 은혜를 걷어차 버린 거죠. 그때 양파 뿌리가 끊어져 버립니다. 하나님의 은총이 거두어진 것이죠. 바로 단절입니다.

이때 천사가 "지금까지 할 만큼 했다. 이제는 끝났다. 더는 나도 어쩔 수 없다."라고 말하지 않고, 끝까지 아쉬워하며 울면서 돌아갑니다. 이것이 무엇을 뜻하는 걸까요? 지금도 예수님은 당신을 포기하지 아니하고 당신을 위해 중보 기도하고 있다는 것입니다.

와! 예수님의 마음을 이렇게 표현할 수도 있군요.

도스토옙스키가 하나님의 은혜를 경험한 다음, 우리 삶의 마지막 순간까지 하나님의 은혜가 우리를 향하고 있다고 고백했습니다.

바로 이것이지요. 우리가 거부만 하지 않는다면 말입니다. 그런데 지금 우리는 이런 주님의 은혜를 알지 못하고 마치 그 할머니처럼 이렇게 합니다 "내가 목회 열심히 했잖아. 그러니까 나는 천국 가야 해. 내가 헌금 많이 했잖아. 내가 구제 많이 했잖아. 충성했잖아. 그래서 천국 가야 해."

이렇게 하나님의 은혜는 깨닫지 못한 채, 자기의 '의'를 가지고 스스로 구원받을 수 있다고 착각하고 있는 겁니다.

은혜를 간직하는 것이 주님을 믿는 자에게 가장 중요한 과제라고 생각이 듭니다. 세속적인 윤리에서는 은혜를 간직하는 것이 어떤 의무도 아니지만, 믿는 자에게는 반드시 살아내야 할 의무로 느껴집니다.

은혜를 실천적 사랑으로 바꿉시다

도스토옙스키의 '양파 한 뿌리'에 이렇게 깊은 의미가 있는지 몰랐습니다. 그렇다면, 더 깊이 있는 논의를 위해 목사님께 질문을 드리고 싶습니다. 양파와 은혜와의 관계를 더 명확히 설명해 주실 수 있으신지요?

양파 한 뿌리가 있다! 할머니가 찾아낸 것이 아닙니다. 천사가 찾아낸 것이지요. 천사가 왜 할머니를 구해주려 했을까요? 그것은 보편적 고통에 대한 연민이오, 사랑이었습니다.

따라서 이것은 인과응보와 같은 인간의 법칙이 아닙니다. 사랑의 아름다움에 비하면 양파 한 뿌리는 초라한 선행에 불과합니다. 그런데도 희망이기도 합니다. 하지만 이것을 천국에 있는 사람 처지에서 생각해 보세요. 그러면 이것은 대단히 불공정한 것입니다. 수학적으로, 혹은 인간적인 계산으로 따지면 그렇다는 것입니다. 의를 행한 천국의 의인 처지에서 보면, 겨우 양파 한 뿌리의 선행으로 천국으로 직행하다니 이것은 말이 안 되는 것입니다.

그런데도 이것은 계산할 수 있는 것이 아닙니다. 양파 한 뿌리는 잠정적으로 선행이라기보다는 하나님의 은혜라고 부를 수 있어요. 이것을 자신의 선행으로 생각한 것은 할머니의 착각이었던 것이지요. 양파 한 뿌리가 "끊어지지 않으면"입니다. 다시 말해, 이것은 천국으로 향하는 보증수표가 아닙니다. 구원의 가능성이고, 하나님의 구원을 작동시키는 작은 씨앗입니다. 겨우 양파 한 뿌리에 불과할지라도, 이것이 끊어지지 않게 하는 것이 바로 은혜입니다.

은혜가 계산할 수 있고 갚을 수 있는 것이 될 때, 끊어지게 되는군요.

결과적으로 모든 것은 수포로 되었습니다. 할머니가 잘못된 결정을 한 것이지요. 여기에 두 가지 측면에서의 실수가 있었습니다. 첫째, 할머니는 양파가 은혜인 것을 몰랐습니다. 이것이 단순한 선행이었다면, 혹은 오직 물질이었다면, 할머니 한 사람도 끌어내기 어렵습니다. 양파가 작동하는 것은 물질의 법칙이 아닙니다. 둘째, 할머니는 계산하였습니다. 즉, '양파 한 뿌리 어치의 구원'을 내가 샀다고 생각한 것입니다. 천국행 표를 벌었다고 착각한 것입니다. 하지만 하나님은 은혜를 팔지 않습니다. 그런데도, 이것도 할머니의 진짜 죄는 아니었습니다.

이것이 할머니의 진짜 죄가 아니라고요? 갈수록 더 흥미진진해집니다. 그렇다면, 도대체 할머니의 치명적인 죄가 무엇인지 궁금합니다.

할머니는 양파 한 뿌리에 함께 매달린 자들을 발로 차면서, 나를 구해주는 것이지 너희들을 구해주는 것이 아니라고 생각합니다. 할머니는 나와 너 사이에 선을 그은 것입니다. '단절'이 할머니가 저지른 본질적인 죄입니다. 도스토옙스키가 강조하려는 것이 바로 이 '단절'입니다. 나만 선택받았다는 착각, 이것이 교만이고, 이기주의이고, 가장 나쁜 죄악입니다.

할머니는 함께 매달린 자를 발로 찼지요? 교만과 증오는 단절의 양면입니다. 교만이란 자기만 구원받았다는 어리석은 생각입니다. 교만하기에 타인과 연대할 생각이 없습니다. 그러니 매달린 자들을 발로 찼던 것입니다. 인간을 혐오하고 증오했던 것이지요.

구원 얘기를 하다가 갑자기 삼천포로 빠진 것 같지만요. 말이 나온 김에 여기에서 교육 이야기를 한 번 하고 싶습니다. 유럽에서는 경쟁 교육을 야만적이라 하면서 학생들을 공부로 경쟁하게 하는 것을 죄악시합니다. 학생 각자가 자기가 하고 싶은 것, 자기가 좋아하는 것, 자기가 잘하는 것을 할 수 있도록 부모는 물론 정부가 지원하고 교육으로 돕는 역할을 하니, 직업에 대한 차별이 없기에, 오만한 사람도 없고 열등감으로 고통받는 사람도 없어서, 모두 함께 행복하게 사는 사회로 발전해 가고 있다고 합니다. 여기에는 이기주의, 교만, 증오, 단절이 존재하지 않은 것이죠.

네, 교육도 그런 관점에서 볼 수 있군요. 하던 얘기로 돌아가면, 할머니는 양파 한 뿌리만큼의 구원을 마치 자기가 값을 치르고 구매한 것인 양 착각했고, 그런 측면에서 은혜를 전혀 몰랐던 것이네요. 은혜를 모르는 것이야말로 하나님과 단절되는 것이고, 다른 사람들과 연대하는 것도 꺼리는 것이기에, 결국은 완전히 혼자 고립된 상태가 되고 결국엔 구원에도 이르지 못한다는 해석이군요.

지옥이 다른 게 아니란 생각이 듭니다. 단절과 분리가 이 땅에서도 지옥을 만드는 것이었네요. 지금 시대에서 지옥을 연상하자면, 모든 사람을 연결한다고 하지만 어디에서든 너무 쉽게 하나님을 망각하게 하고 하나님과의 단절을 불러오는 '스마트폰'이 떠오릅니다. 온 세상을 하나로 연결한다고 착각하지만, 정작 눈앞에 보이는 이웃은 외면하도록 하기에 또 다른 단절을 부르고 있고요. 초연결 사회라 부르는 현대 사회에서 오히려 각 개인이 더욱 외롭고 고독해지는 이유가 여기 있었던 것을 깨닫게 되었습니다.

네, 맞습니다. 지옥이란 혼자 분리되는 것이고요. 증오와 교만, 지배와 탐욕으로 이루어진 상태로 악 중의 악입니다. 공멸과 상생의 차이는 그 속

에 거하는 공동체 정신의 유무에 달려 있기에, 더 이상 서로 사랑할 수 없게
되어 함께 멸망하는 곳이 바로 지옥입니다.

우리가 살고 있는 한국이 점점 지옥으로 변해 가고 있는 것을 우리 모두
경계하여야 합니다. 한때 젊은 청년들이 왜 "헬조선(지옥 같은 한국)"이라고 말
했을지를 깊이 반성해야 합니다. 그 말을 요즘에는 잘 쓰지 않지만, 그렇다
고 그 상황이 개선되었느냐? 절대 아닙니다. 상황은 점점 더 나빠지고 있습
니다. 세계에서 가장 경쟁이 심한 사회가 대한민국입니다. 유치원부터 무한
경쟁에 집어넣어, 쉬는 시간도 놀이하는 시간도 없이 학원에 다니게 하고,
사교육이 공교육보다 앞서가는 그 경쟁에서 1점이라도 뒤처지면 열등감을
느끼고 좌절하고, 주변에서는 "looser, 루저, 패자, 낙오자"라고 놀리고 본
인도 자학하도록 만들어 버렸습니다. 무한경쟁의 열매는 1등 한 사람 혼자
독식하고, 오만함으로 행복한 척하는 소수의 엘리트들, 서열 밖으로 밀려나
다수의 열등감에 빠진 불행한 다수를 만들고, 더불어 행복하게 살아가야 할
인간 사회를, 약육강식과 적자생존의 논리로만 돌아가는 정글이자 지옥으
로 변해가고 있는 곳이 바로 이곳 대한민국입니다.

서울 대학교 학생 중 많은 학생이 수능점수 불과 몇 점 차이로 의대나
법대에 가지 못했다는 가책과 열등감에 고통을 당하고 있다고 합니다. 이러
한 경쟁 지옥에서는 행복을 찾을 수가 없습니다. 서로 사랑할 수가 없습니
다.

오직 각자의 욕망 때문입니다. 개인도 집단도 이기주의가 될 수 있습니다. 국가 이기주의라는 말도 있지 않습니까? 이런 집단주의를 경계했던 사람이 바로 도스토옙스키입니다. 패거리 문화라든가 집단 따돌림도 마찬가지이고요.

서로 사랑할 수 없게 만드는 집단 이기주의, 즉 지옥에서 벗어날 방법은 오직 사랑밖에 없습니다. 나만 행복해서는 안 되고 이웃도 같이 행복해야 내가 진정으로 행복할 수 있다는 깨우침으로 서로 사랑해야 합니다. 그렇다면 이 시점에서 우리가 무엇을 해야 할까요?

가장 먼저 교육 제도를 바꿔야 하는 것으로 생각됩니다, 목사님. 사랑할 수 없도록 만들고 있는 교육이네요.

네, 사랑이 없는 교육입니다. 이것은 교육이라고 할 수가 없지요. 그렇다면 어떤 사랑을 가르쳐야 할까요? 사랑에 두 종류가 있다는 말 들어 보셨을까요?

실천적 사랑과 공상적 사랑, 두 종류 아닙니까?

네, 역시 잘 알고 계시군요. 공상적 사랑을 하면 기분이 좋습니다. 느낌이고 감정입니다. 인류 전체까지 사랑할 수 있게 됩니다. 참으로 멋진 가치이지요? 이런 사랑은 남에게 칭찬받으려는 사랑이고 나를 자랑하는 사랑입니다. 하지만 이것은 추상적인 것에 불과합니다. 평생 책임을 다하는 사랑은 결코 될 수 없지요.

여기에 대립하는 사랑이 실천적 사랑입니다. 거대한 개념을 사랑하는 것이 아니라, 내 앞의 한 사람을 사랑하는 데서 시작됩니다. 말로 하는 것이 아니고 행동으로 하는 것이며, 내 존재를 다 해 사랑하는 것입니다. 그렇지만 이 사랑이야말로 실천하기에 무척 어렵지요. 게다가 교육조차도 이웃을 사랑할 수 없도록 무한경쟁의 교육을 하고 있다면 더욱더 말입니다.

맞습니다, 목사님. 실천적 사랑이야말로 정말 실천하기 어려운 사랑입니다. 이 사랑이 얼마나 어려운지에 대해 키르케고르가 《사랑의 역사》에서 쓴 내용이 떠오릅니다. 키르케고르는 주님께서 '이웃'을 사랑하라고 했지 '군중'을 사랑하라고 한 적이 없음을 강조했던 사람입니다.

"이웃이 누구냐?"라는 질문에서 키르케고르는 "지금 내 눈앞에 보이는 사람"이라고 정의했는데요, "지금 눈에 보이는 사람이 이웃"인 경우, 이 사랑은 날마다 혁명이라고 말했습니다. 이 정의에 따르면 내 눈앞의 이웃은 매 순간 바뀌며, 알지 못하는 사람조차도 내 눈앞에 있는 지금, '내 몸처럼' 사랑하는 것은 다름 아닌 혁명이기 때문입니다.

요한일서 4장 20절에 관한 이야기로, "누구든지 하나님을 사랑하노라 하고 그 형제를 미워하면 이는 거짓말 하는 자니 보는바 그 형제를 사랑하지 아니하는 자는 보지 못하는바 하나님을 사랑할 수 없느니라."라는 말씀을 설명한 것입니다.

2001년 1월 26일. 일본 지하철역에서 술에 취한 사람이 지하철역으로 떨어졌어요. 열차는 승강장으로 거의 다 오고 있는데 한국인 유학생 이수현이라는 사람이 뛰어 내려가서 그 취객을 구하려다가 그만 그 자리에서 죽었습니다.

개인주의가 아주 팽배했던 당시 일본에서 한국인에 대한 이미지를 완전히 바꾸어 놓았던 큰 사건이 되었고, 일본 사람들에게 좋은 쪽으로 큰 충격을 주었기 때문에, 지금까지도 일본에서는 이분을 의인이라고 해서 아직도 기념하고 있지요. 같은 한국 사람도 아니고, 타국인을, 그것도 어떻게 보면 우리의 원수라 볼 수 있는 일본인인데, 지금 내 눈앞에 보이는, 그렇지만 누구인지도 알지 못하는 그 '이웃'을 위해서 목숨까지 걸고 구하러 뛰어들기가 얼마나 어려운 일이었겠습니까? 故 이수현 씨야말로, 키르케고르가 말한 '내 눈앞의 이웃'을 위해 목숨까지 바친, 고귀한 사랑을 실천한 사람이었다고 생각됩니다.

정말 꼭 맞는 좋은 예를 알려 주셨군요, 목사님. 벌써 25년 가까운 세월이 지난 일인데도, 여전히 우리에게 이웃사랑에 대한 큰 도전과 감동을 주는 일화입니다.

은혜를 나눕시다

"때가 이르매 예수께서 사도들과 함께 앉으사 이르시되 내가 고난을 받기 전에 너희와 함께 이 유월절 먹기를 원하고 원하였노라. 내가 너희에게 이르노니 이 유월절이 하나님의 나라에서 이루기까지 다시 먹지 아니하리라 하시고 이에 잔을 받으사 감사 기도 하시고 이르시되 이것을 갖다가 너희끼리 나누라. 내가 너희에게 이르노니 내가 이제부터 하나님의 나라가 임할 때까지 포도나무에서 난 것을 다시 마시지 아니하리라 하시고, 또 떡을 가져 감사 기도 하시고 떼어 그들에게 주시며 이르시되 이것은 너희를 위하여 주는 내 몸이라 너희가 이를 행하여 나를 기념하라 하시고, 저녁 먹은 후에 잔도 그와 같이 하여 이르시되 이 잔은 내 피로 세우는 새 언약이니 곧 너희를 위하여 붓는 것이라. 그러나 보라 나를 파는 자의 손이 나와 함께 상 위에 있도다 인자는 이미 작정 된 대로 가거니와 그를 파는 그 사람에게는 화가 있으리로다 하시니 그들이 서로 묻되 우리 중에서 이 일을 행할 자가 누구일까 하더라."(눅 22:14~23)

저는 이창우 목사님의 책《성찬의 위로》를 보고 다른 생각을 해 봤습니다. 예수님께서는 이 성찬을 왜 '원하고 원한다'라고 말씀하셨을까? 그래서 저는 다른 관점으로 이해했습니다. 예수님께서 말씀하시길, 당신께서 고난 당하시고, 죽었다가 부활하실 것이라고, 몇 번에 걸쳐 말씀하셨거든요. 그러나 예수님의 제자들은 전혀 알아듣지 못합니다. 그래서 예수님은 제자들을 제대로 교육하자고 생각하신 거죠. 왜일까요?

그렇지 않으면 제자들이 나중에 예수님을 배신한 후에 절망해서 자살해 버리거나 아니면 엉뚱한 선택을 할 수도 있기에, 다음 세대를 세우기 위해서는 이 교육이 필요하다고 생각하신 거죠. 그래서 다시금 말씀하십니다.

"내가 죽긴 죽는데 그냥 죽는 것이 아니라 너희의 죗값을 대속하기 위해 죽는다. 그러니 너희가 이것을 늘 기억하기 위해서 이 잔을 마시고, 이 떡을 먹어라."

그런데 제자들은 여전히 못 알아듣습니다. 결국 다 주님을 배신합니다. 배신 후 다 절망하고 뿔뿔이 흩어져 버리지요. 가룟 유다는 자살을 해 버렸고요. 사흘 후 예수님께서 부활하셨습니다. 그때 제자들은 다시 생각납니다. "아, 그때 그 말씀이 바로, 이 말씀이었구나!" 결국 마지막까지 제자들을 은혜로 교육하시며 선한 도구로 사용하시려던 예수님의 계획대로 제자들이 제 길로 돌아올 수 있었습니다.

은혜로 제자를 교육한다고요? 중요한 말씀인 것 같습니다. 목사님께서는 같은 내용이라도 실제 사례나 혹은 책의 내용을 통해서 이해가 잘되도록 말씀해 주시는데, 이것도 주님께서 목사님께 주신 은사라는 생각이 듭니다. 혹시 다른 예화가 또 있는지요?

이 은혜를 제대로 깨닫는 사람이 별로 없는데, 빅토르 위고의 《레미제라블》에 나오는 미리엘 신부가 이 은혜를 제대로 알았던 것 같습니다. 미리엘은 판사들을 배출해 왔던 명문가 출신으로, 젊은 시절에는 세속적 즐거움에 빠져 살다가 모국인 프랑스에서 이탈리아로 망명했습니다. 거기서 아내의 사망 등과 같은 여러 고초를 겪으면서 예수님을 영접했어요. 하나님의 은혜를 경험한 미리엘은 신부가 되어 다시 프랑스로 돌아옵니다.

미리엘 신부는 주교가 되었습니다. 그 당시의 프랑스에서는 주교는 예하라 불렀습니다. 각하라고도 불렸어요. 우리나라만 해도 예전에 대통령을 각하라고 불렀지 않습니까? 당시에 그 정도로 높은 직책이었던 것입니다. 주교관이라는 큰 저택도 제공될 정도였고요. 그런데 이 미리엘 신부는 자기 생활비의 3분의 1만 자기가 쓰고, 나머지 3분의 2를 가지고 전부 어려운 사람을 도와줬습니다.

미리엘 주교가 움직이려면, 요즘 말로 하면 자가용에다 수행원까지 붙었습니다. 그런데도 혼자 걸어서 다닙니다. 그런데, 주교가 빈민병원을 방문했을 때 작은 병실 하나에 환자 26명이 지내고 있는 것을 알게 됩니다. 미리엘 신부는 주교관은 하나님의 집이고 가난한 사람들의 것이니 가난한 빈민병원이 사용하라고 양보하고, 자신은 이층 쪽방을 사용합니다. 매사에 이런 식으로 자신보다 항상 가난한 사람들을 더 생각했던 것입니다.

그러던 어느 날, 장발장이 감옥에서 출소했는데, 아무도 그에게 밥조차 팔지를 않습니다. 전과자라는 노란 통행증 때문에, 배가 고픈데 밥을 사 먹을 수도 없고 여관에도 들어갈 수가 없어요. 그런데 어떤 할머니가 장발장에게 구걸하여 장발장이 구걸하는 할머니에게 자신의 처량한 신세를 이야기했더니 "저 집 문 두드려 보라."면서 미리엘 주교의 사제관을 알려 줍니다. 장발장은 당연히 거절당할 것으로 생각하고 문을 열어준 신부에게 미리 말하죠. 나 이러이러한 전과자라고요. 그런데 들어오라고 합니다. "밥 안 먹었지?" 하고 밥을 차려주는데, 은그릇에 밥을 차려주는 겁니다. 그리고 2층에 난로 바로 옆에다 새 시트를 깐 침대까지 만들어 줍니다. 장발장 평생에 사람대접을 처음 받아봤던 것입니다.

장발장은 크게 감동하였지만, 새벽에 일어나자마자 19년 감옥살이하는 동안 물들었던 나쁜 버릇이 또 튀어나옵니다. 어제 봤던 그 은그릇을 새벽에 싸서 도망칩니다. 아침이 되어 은 접시 도둑맞은 것을 발견한 아주머니가 화가 잔뜩 나서, 미리엘 신부에게 항의합니다.

"신부님 그러니까, 그런 인간은 집안으로 들이지 말라고 했는데, 신부님이 들이셔서 이런 일이 생겼잖아요. 그런 사람이 인간인 줄 아세요? 밥 먹이고 잠재워 줬던 그 인간이 새벽에 은그릇을 가지고 튀어버렸다고요!"

이때 신부가 뭐라 그러는 줄 아세요?

"오래전부터 그 은그릇을 가지고 있었지만 그건 내 잘못이었소. 그건 가난한 사람들의 것이잖아. 내가 보기에 그 사람은 틀림없이 가난한 사람이었으니. 주인이 자기의 것을 가져간 거야."

이래 버리는 거죠. 한편, 그 지역을 순찰하던 경찰이 장발장 이 친구를 불시 검문해서 잡은 겁니다. 그런데 은그릇이 자루에 들어 있으니까 훔쳤다고 바로 감 잡았을 거 아니에요. 그런데 장발장은 신부가 줬다고 거짓말을 했을 것이고요. 경찰이 장발장을 데리고 신부에게 확인하러 왔을 때, 신부가 이렇게 말합니다.

"이 양반 보게? 내가 은촛대까지도 다 줬는데 그건 왜 안 가져갔나? 그 촛대야말로 200프랑은 족히 받을 수 있을 것인데. 어째서 그것도 그 은그릇들과 함께 가져가지 않았소?"

도둑맞았을 것이 뻔한 신부가 이렇게 반응하니, 경찰은 더 이상 할 말이 없죠. 경찰이 간 다음에 미리엘 신부는 장발장에게 일절 다른 말은 안 합니다. "다 가져가시오, 전부 당신 겁니다." 그리고 조용히 덧붙입니다. "잊지 마시오. 절대 잊지 마시오. 이 은을 정직한 사람이 되기 위해 쓰겠다고 나하고 약속한 일을 말이오."

그렇게 장발장을 떠나보냅니다. 너는 죄인이니 예수 믿어야 구원받는

다, 뭐 어째라 이런 말 안 해요. 장발장에게 이보다 더 큰 충격이 없었을 겁니다. 장발장이 그곳을 떠나서 거리를 가는데, 그 당시 프랑스에는 옛날 우리나라처럼 굴뚝 청소하는 소년들이 많았습니다. 그중 한 아이가 굴뚝 청소하고 받은 은화를 기분 좋게 손바닥에 가지고 공기놀이하다가 은화가 그만 바닥에 떨어뜨리는 바람에, 은화는 또르르 굴러서 장발장 발 앞에 딱 떨어졌어요. 그 순간, 장발장이 잊고 있던 사이에 자신 안에 있던 그 본능에 따라 자기도 모르게 그 동전을 발로 딱 밟고 시치미 뚝 떼고 먼 산만 바라보고 있습니다.

소년은 "아저씨?!" 하면서 장발장 발밑에 깔린 은화를 꺼내려고 애를 써 보지만, 장발장은 인상을 팍 씁니다. 소년이 아무리 노력해도 그 큰 덩치가 발로 밟고 있는 것을 못 움직이잖아요. 결국 소년이 이렇게 포기하고 울면서 가버리니까 장발장은 그 동전을 자기 호주머니에 넣습니다. 넣고 나서 문득 정신을 차립니다.

"신부님이 나한테 정직하게 살라고 하셨는데……"

그제야 그 소년한테 은화를 돌려주려고 온 거리를 다 헤매고 다녔지만 결국 찾지 못하고 돌려줄 수 없었습니다. 그때부터 장발장은 정직하게 살려고 노력합니다. 사업을 해서 성공해 돈이 생기면 남의 집으로 들어가긴 들어가요. 그런데 이제는 돈 훔치러 들어가는 게 아니라 그 가난한 집에 돈을 살며시 놓아두기 위해 들어가는 것이죠. 재정이 어려운 병원도 돕고요. 19

년 징역살이를 했던 도둑 장발장이, 이제는 수없이 많은 사람을 구제하고 죽어가는 사람을 살리는 의인이 됩니다.

왜요? 미리엘 신부가 받은 하나님의 은혜를 삶으로 은혜 되게 하니까, 그 은혜를 입은 장발장이 다시 은혜를 은혜 되게 해서 수많은 사람을 살리는 선한 영향력을 이어가게 된 것이죠. 주변 사람들이 장발장을 보고 "저 사람은 부자인데 거만하지 않다."라고 했습니다. 이 모습이 하나님의 은혜를 알아 은혜를 은혜 되게 사는 사람들의 모습입니다.

장발장 영화를 봤지만, 영화에는 등장하지 않은 중요한 의미가 있다는 것을 목사님 말씀을 통해 깨달았습니다. 신부는 죄인일 뿐 아니라 거짓말쟁이인 사람에게조차 무한한 신뢰를 보여주었네요. 주제와는 다른 이야기일 수도 있겠으나 《끌리는 사람은 1%가 다르다》라는 책을 쓴 심리학자 이민규 박사의 말이 지금 생각이 납니다.

공부를 싫어하는 아들을 둔 엄마가 있었답니다. 1%가 다른 이 엄마는 일이 생겨 집을 비울 때, 공부를 싫어하는 아들에게 "엄마 없다고 또 TV 볼 거지?"라고 말하지 않는답니다. "엄마가 잠시 나갔다 와야 하는데 어쩌지? 공부하려면 힘들 텐데, 엄마가 돌아올 때 치킨이라도 사다 줄까?"라고 말한답니다. 즉, 공부를 싫어하는 아들임에도 불구하고, 엄마가 집을 비워도 아들이 공부하리라는 믿음을 저버리지 않는다는 것이지요. 그러면, 이 아들은 엄마가 들어올 때면 공부하는 척이라도 한다고 합니다.

아이를 변화시킨 것이 엄마의 믿음이듯, 장발장을 변화시킨 것은 신부의 무한 신뢰였던 것 같습니다. 더 중요한 것은, 신부가 주님의 은혜를 알지 못했다면 이것은 불가능한 일이었을 것으로 생각합니다. 은혜를 알았기에 신부는 스스로 아무것도 아닌 존재로 여겼으며, 자신의 권리를 포기하고 가난한 사람들에게 거저 줄 수 있었을 거고요.

그런데 목사님, 과연 오늘날에도 이와 같은 실제 이야기를 찾을 수 있을까요?

은혜를 실천합시다

오늘날에도 최소한 목사나 장로쯤 되면 이와 비슷하게 흉내라도 내야 하지 않을까요? 저 목사는 큰 교회 목사인데 거만하지 않아. 저 장로는 회사 사장인데 거만하지 않아.

여기, 은혜 아는 사람이 한 분 또 있습니다. 지금 어느 대학원 교수로 있는 김 교수라는 분인데 이분이 1991년도에 사법고시를 봤답니다. 그런데 그 당시 사법시험에 응시한 사람이 1만 7천 명쯤 됐대요. 그런데 287명인가 하는 아주 적은 수만 합격이 됐어요. 다행히 김 교수도 합격했는데 이분이 가만히 생각해 보았습니다. 17,000여 명 가운데 5명 정도는 천재가 있대요. 무조건 시험에 합격할 수 있는 사람이죠. 그리고 약 2천 명 정도는 공부를 열심히 해서 누구라도 합격할 수 있는 수준이 되어 있는 사람들이랍니다.

"그러면 2천 명 합격할 수 있는 실력을 갖춘 사람 가운데, 내가 다행히 287명 안에 들었구나." 바로 이겁니다. 등수가 아니고 이것은 하나님의 은혜인데, 안 믿는 사람으로 말하면 운이 좋았다는 것이고요. "그러면 내가 이 은혜 혹은 이 운에 어떻게 보답해야 하지?"

자신이 대단한 존재가 아니라는 사실을 일찍 깨달은 분이네요.

그래서 김 교수는 앞으로 자신이 정의로운 검사가 되어 사회와 국가를 위해 봉사하는 것이 하나님 은혜에 보답하는 길이겠다고 생각하고 청렴해지려고 하는데, 여기저기, 심지어 같은 청사 내에서 뇌물과 사건 청탁이 들어오니, 도저히 이런 환경에서는 정의로운 검사가 될 수가 없겠다 싶어, 사표를 내고 지금은 교수를 하고 있다고 하는 겁니다. 다시 말해서 이분은 자기 실력으로 합격했음에도 불구하고 하나님의 은혜로 합격했다 생각하고, 이 은혜에 보답하기 어려워지자 결국 사표를 제출하게 된 것입니다.

목사님 말씀을 들으면서 더욱 확실해집니다. 은혜를 은혜 되게 하기 위해서는 철저하게 자신의 공로를 부정해야 한다는 것이네요. 이렇게 하기에는 철저한 자기부정이 필요하지만, 저로서도 결코 쉬운 일이 아니란 생각이 듭니다.

이 은혜는 우리가 "오늘 은혜 받았습니다."라고 지나가는 그저 말뿐인 것이 아닙니다. 여기에 비교해 보자면, 요즘 사람들은 갈수록 더 은혜를 제대로 알지 못하는 것 같아서 정말 안타깝습니다.

한 번은 어떤 집사님이 이사했다고 심방을 요청하길래 새집에 방문한 적이 있습니다. 새 아파트를 샀는데, 거기다 큰돈을 들여 리모델링까지 했다더라고요. 제 마음에 안타까운 생각이 들었습니다. 예수님 믿는 사람들이라면 하나님께서 새집을 주시는 은혜를 베풀어 주시면 그 은혜를 은혜 되게하려고 리모델링 할 돈으로 주님 앞에 예물을 드리면 더욱 좋지 않겠습니까? 아직도 자기 집을 장만하지 못하고 월세, 전세 사는 형제자매들이 많이 있잖아요. 자기 집이 없는 분들이 오히려 더 많을 수 있으므로, 물론 큰 도움은 될 수가 없겠지요. 그래도 조금이라도 보탬이 될 수 있도록, 교회 안에서 십시일반 감사 예물을 드려서, 형편이 어려운 형제자매들에게 적으나마 위로하고 용기를 갖도록 도와준다면, 그것이야말로 하나님의 은혜를 은혜되게 하는 방법이 될 거라 생각합니다. 하물며 노름꾼도 도박판에서 돈을 따면 혼자 갖지 않고 주변 구경꾼들에게 개평(노름 용어를 사용하여 죄송합니다.)을 나누어준다고 하잖습니까?

그런데 새집 사서 리모델링까지 할 정도로 형편이 좋은 교인들이, 어려운 이웃을 외면하는 것은 예수님 안 믿는 노름꾼보다 못하다는 생각이 듭니다. 머리로 은혜를 알고 입으로 은혜를 말하지만, 진짜를 행할 줄은 모르는 것이 아니겠습니까? 결론을 말하자면, 우리가 은혜를 알아서 은혜가 은혜 될 수 있는 삶을 사는 것이, 오늘날 우리 목사들과 장로들을 비롯한 그리스도인에게 가장 중요한 도리라는 말씀을 드리고 싶습니다.

마이클 포터라는 경영학자가 생각납니다. 이분이 CSR과 CSV라는 개념을 얘기했는데요. CSR(Corporate Social Responsibility)은 '기업의 사회적 책임'이라는 말인데요, 기업이 영리만 목적으로 사업을 하면 안 되고, 가난한 사람들도 도와주는 등의 사회적인 책임도 다해야 한다는 개념입니다. 제가 볼 때 이분이 기독교인인지는 잘 모르겠으나 성경에서 말하는 생각을 한다고 생각합니다. 기업이 사업을 할 수 있는 이유를 이 사회가 존재하기 때문이라고 보는 처지기에 그렇습니다. "존속할 수 있는 이 사회가 존재하지 않는 한, 기업 활동은 불가능하다. 그러므로 기업 활동을 가능하게 해준 그 사회를 위해 기업이 봉사해야 한다"라는 입장이죠.

이게 바로 기업의 사회적 책임입니다. 그런데 이런 주장을 펼쳤더니, 어떤 기업이 이익을 낸 후에 연말에 가난한 사람들 도와준다고 돈을 주더라는 겁니다. 마치 목사님이 말씀하신 것처럼 생색용 은혜입니다. 그런데도 마이클 포터는 바로 이것을 비판합니다. 정말로 순수한 어떤 목적이 있어서 하는 게 아니고 기업 이미지 제고를 위해 잠깐 무슨 시혜를 베푸는 것처럼 가난한 사람들을 도와주더라는 것이죠.

그래서 포터는 CSV를 강조합니다. CSV(Creating Shared Value)는 우리말로는 공유가치 창출이라는 뜻입니다. 그는 기업이 시혜를 베푸는 것처럼 사회적 책임을 지면 안 된다고 말합니다. 기업이 하는 모든 활동 자체가 사회에 이바지하는 활동이 되어야 한다는 것이죠. 그럴 때만 그 기업은 온전한 기업이라는 것입니다.

그런데 목사님 말씀을 이런 연장선에서 들으니, 마치 대기업이 연말연시에 시혜 베푸는 것처럼, 생색용 은혜도 그 연장선에 있지 않았나 생각하게 됩니다. 목사의 삶이 은혜를 전하는 본보기의 삶이 되려면, 더욱 철저하게 자기를 부인하는 삶을 살아야 하겠다고 생각합니다.

또 다른 예를 들어 말씀드리겠습니다. 저는 설교를 쉽게 하는 편입니다. 그런데 어떤 목사님은 설교를 참 어렵게 합니다. 왜 저는 설교를 쉽게 할 수 있었을까 생각해 보니, 저의 경우에는 저도 모르는 사이에 설교를 쉽게 할 수 있는 사람이 된 거였더라고요. 오직 하나님의 은혜로요. 제가 태어날 때 하나님께, "하나님 제가 목사 해야 하니까 말 쉽게 잘하게 해 주세요. 뿅!" 제가 그렇게 태어난 것이 아니지 않습니까? 이것이 은혜입니다. 이미 그렇게 은혜를 누리고 있는데, 은혜인 줄 모르고 자기 교만의 조건으로 내세웁니다. 왜 말을 어렵게 합니까? 사람들이 가진 것 전부 다 하나님께 은혜로 받은 달란트인데, 자기 거로 생각하고 교만하게 다른 사람을 더욱 차별하고 나쁜 행동을 하는 거죠.

은혜를 망각하는 것이 모든 문제의 근원이군요. 이런 점을 생각한다면 은혜를 망각한 자들은 자신이 믿는다고 말할지라도 하나님 없는 이방인이 아닐지 생각되는군요.

장발장을 제가 더 설명하자면, 조카들 때문이었죠. 과부가 된 누님의 아이들을 먹이려고 빵 한 덩어리를 훔쳐서 감옥살이했는데, 도중에 탈옥까지 시도해서 늘어난 세월이 총 19년이 됐잖아요. 그런데 장발장이 성공한 후 자신의 공장에서 일하던 여자가 동료들의 모함 때문에 해고됐는데, 이 여인이 해고당한 후에야 미혼모의 생활이 너무 어렵다 보니 몸을 팔아서 딸 코제트를 홀로 키우는 것을 알게 됩니다. 딸을 여관에 맡겨놓고, 양육비를 매달 보냈던 것이지요. 다행히 장발장을 다시 만난 여인은 병으로 죽어가면서, 딸 코제트를 대신 돌봐 달라고 장발장에게 부탁합니다. 그런데 이 여관 주인은 정말 나쁜 사람이었어요. 오직 돈만 밝히는 사람이고 사기꾼이었습니다. 코제트를 이용해서 돈을 갈취하는 상황이었던 겁니다. 이것을 알게 된 장발장이 여관 주인에게 엄청난 돈을 주고 코제트를 데려와 수도원에 숨어서 살며 자기 딸로 키우다 정상적인 생활을 하게 됩니다.

제가 제일 감동하였던 부분인데요. 장발장이 그동안 모은 돈이 있었어요. 예를 들면 지금 돈으로 5억이 있었다고 합시다. 코제트가 성장해서 결혼하게 됐는데, 그때 이 목사님 같으면 이 딸한테 얼마를 지참금으로 주겠어요?

글쎄요. 많이 줄 것 같은데요.

정확히 해 봐요. 얼마 줄 건지?

글쎄요, 5억이 있다면…뭐 특별히 제가 쓸 돈이 아니면 다 줄 수도 있을 것 같고요. 제가 제 남은 생계를 위해 써야겠다고 그러면 일부를 남겨놓고 다 줄 거 같습니다.

이제 자신도 노인이 됐으니까, 노후가 있잖아요. 나 같으면 내 노후 쓸 거 1억은 남기고 4억 주겠어요. 근데 이 사람은 말하자면 4억 9,500만 원을 줘 버린 거예요. 자기 쓸 것도 안 남기는 식이죠. 사람이 은혜를 알면 그렇게 되는 겁니다.

아, 이런 숨은 이야기가 있었군요.

그러니까 이 소설이 프랑스 혁명을 배경으로 하고 있잖아요. 당시 프랑스 혁명 포스터가 뭐였냐 하면, 비쩍 마르고 늙은 농부가 살이 쪄 통통한 왕, 귀족, 성직자 들을 지게에 지고 가는 겁니다. 종교가 그렇게 타락했었어요. 그 당시 성직자들이 말입니다.

그런데 빅토르 위고는 자신이 생각하는 기독교의 이상을, 이 미리엘 신부를 통해서 우리에게 보여준 겁니다. 미리엘 신부는 입으로 전도한 게 아니고 삶으로 한 겁니다. 모든 물질은 가난한 사람들의 것이다, 이런 것이죠. 물질의 진짜 주인은 가난한 사람들이다.

미리엘 신부는 장발장에게 '예수의 예 자'도 말을 안 하잖아요. 장발장은 신부인지도 모르고 그 집에 들어갔다가 나중에 알았고요. 장발장이 저녁에 들어가서 아침에 도망갈 때까지 말 몇 마디나 나누었겠어요? 만 하루도 같이 안 있었잖아요. 근데 범죄자인 자기를 사람으로 대접해 주고 범죄자를 범죄자로 대우 안 하고 형제로 대접했어요. 받은 은혜에서 감동하니 남은 평생 자신도 그렇게 살게 되잖습니까? 그런데 오늘 우리는 자꾸 말로만 설교하고 전도하고 있죠. 아까 말씀드린 도스토옙스키가 본보기로 삼은 사람이 바로 빅토르 위고입니다.

아, 그렇군요. 목사님을 통해서 제가 그동안 몰랐던 것에 대해 많이 배우고 있습니다.

도스토옙스키는 또 어떻게 하나님의 은혜를 경험했냐면요.

이 사람이 도박해서 맨날 거덜이 납니다. 돈에 대한 개념이 없어 원고를 먼저 넘기고 고료로 돈을 받은 적이 한 번도 없었대요. 늘 당겨 받아서 썼다고 합니다.

한번은 또 도박판에서 큰돈을 잃고 출판업자한테 지금 우리 돈으로 따져 약 5천만 원 정도 빌립니다. 그런데 약속한 날짜에 돈을 갚지 못하면 도스토옙스키의 평생 작품에 대한 저작권은 다 이 출판업자가 가져가는 것으로 계약해 버린 겁니다. 이것을 알게 된 친구들 사이에서도 난리가 난 거예요. 돈을 갚기 위해 책을 빨리 써야 했지만, 도스토옙스키는 책을 빨리 쓰지 못했어요. 보다 못한 친구들이, "우리가 한 단원씩 쓰고 최종적으로 도스토옙스키가 마무리해서 한 권의 책을 만들자"라고 제안하지만, 도스토옙스키의 자존심이 강해 이를 허락하지 않고 시간만 흐르게 되니, 결국 친구들이 도스토옙스키에게 18살 먹은 속기사 하나를 구해줍니다. 그렇게까지 해 주는데도 도스토옙스키가 책을 빨리 쓰지 못했고요. 그런데 이 속기사가 무척 영리했습니다. 자신부터 도스토옙스키의 애독자였고요. 그래서 도스토옙스키가 낮에 구술해 주면 자신이 속기로 받아 적고, 밤에 집에 가서 정리해 올 테니 구술해 달라고 설득하여, 약속일에 맞춰서 출판사에 보기 좋게 정리까지 한 원고를 넘길 수 있게 되었습니다. 그때 쓴 작품이 《도박사》라는 작품입니다. 자기 일이니까, 그 작품이 히트를 쳐서 그 원고료로 먹고살았어요.

결국 자신의 나이 45세 때 21세 연하의 이 속기사와 결혼했습니다. 그런데 아내가 도박하지 말라는 말을 한 번도 안 합니다. 도스토옙스키가 글 쓰다가 스트레스가 쌓이면 오히려 반지를 팔아 돈을 쥐여주면서 도박하고 오라고 하지요. 아내 덕분에 도스토옙스키가 숨통이 터진 겁니다.

《카라마조프가의 형제들》 딱 하나. 그 작품만 고료를 당겨서 받지 않고 썼다고 합니다. 도스토옙스키는 자신의 삶을 통해서, 죽음에서 벗어났던 일과 시베리아 유형 경험, 그리고 자기 아내 등을 통해 하나님의 은혜를 확실하게 깨닫고 또 제대로 경험한 사람입니다.

좋은 사례와 의미 있는 해석 감사드립니다, 목사님. 결국, 은혜는 말이 아니라 행위로 표현되어야 함을 다시 한번 깊이 느낍니다. 키르케고르는 이것을 유머러스하게 또 문학적으로 표현을 하는데요. 목사는 자신이 가르칠 내용을 서재에서 갖고 온답니다. 즉, 설교자는 그 자신과 설교하는 내용이 분리되어 존재한다는 것이죠. 하지만 성경에 등장하는 새와 백합은 다릅니다. 새와 백합은 가르치는 내용과 삶이 분리되지 않는다고요.

그래서 이들은 침묵하고 있지만 가르치고 있습니다. 이들의 존재 자체가 가르침이라고 말합니다. 이것이야말로 인류 역사상 가장 탁월한 가르침의 기술이라는 것이죠. 이런 점에서 은혜는 탁월한 행위의 예술인 것으로 보입니다.

그렇죠. 새와 백합뿐만 아니라 모든 생명체는 하나님께서 부여해 주신 자기 DNA에 순종하게 되어 있어요. 오직 우리 인간만 하나님께서 주신 자유 의지 때문에 하나님께 순종하지 않고 도리어 거부할 수 있어요. 교만과 욕망이 우리를 하나님의 은혜로부터 멀어지게 만든 것이지요.

목사님 말씀 듣다 보니까 또 하나가 생각납니다. 제가 요즘 깊게 사유하는 중인, 키르케고르의 텍스트가 하나 있습니다. 숨바꼭질 같은 얘기인데요. "사람이 은혜에 감사할 수 있는가?"라는 주제입니다.

하나님의 은혜 때문에 어떤 걸 값없이 베푼 사람이 있습니다. 선물이거든요. 장발장처럼 그냥 줘요. 그런데 여기서 중요한 것은, 준 자와 받은 자 모두에게 의무가 존재한다는 것이지요.

주긴 하지만, 준 사람은 반드시 숨어야 한다는 거예요. 받은 사람이 준 사람에게 감사를 못 하도록 말입니다. 감사를 받는 건 공급한 자에게 치욕이니까요. 오른손이 한 일을 왼손이 몰라야 하기에, 준 자의 의무란 반드시 숨는 것입니다. 절대로 발견되지 못하도록요. 받은 자는 그러면 어떻게 해야 하느냐? 받은 자 입장에서는, 눈에 보이는 사람에게도 감사하지 못하면서 눈에 보이지 않는 하나님께 감사할 수 없다는 것입니다. 따라서 받은 자의 의무는, 무슨 수를 써서라도 준 자를 찾는 것이라고 합니다.

여기 하나님의 은혜 안에서는 이런 식으로 숨바꼭질이 벌어진다는 겁니다. 준 자는 어디론가 숨어버렸고 받은 자는 찾아야 하는 처지가 됐어요. 키르케고르는, 준 자의 의무를 다하고 숨어버린 예로 실로암 연못의 예수님을 예로 듭니다.

실로암 연못에서 예수님께서 시각장애인의 눈을 뜨게 해 주셨잖아요. 눈을 뜨게 해 주시고 그 자리에 있었으면 좋은데 예수님은 도망을 치셨어요. 갑자기 바리새인들이 와서, "너를 눈 뜨게 한 자가 누구냐?"라고 물으니, "나는 모른다. 나는 눈을 감고 있었는데 갑자기 눈이 떠졌고, 그분은 사라지셨다. 누가 내 눈을 뜨게 했는지 알 수 없다."라고 말합니다. 그래서 어머니한테 물어보는데 어머니는 출교당할까 두려운 나머지 모른다고 했고, 그래서 본인이 직접 찾으러 다녔다는 겁니다.

예수님은 값없이 그 사람의 눈을 뜨게 해 주고 사라지셨고, 눈을 뜬 사람은 은혜 베푼 사람을 찾아야 한다는 거고요. 하나님의 은혜 가운데에서 준 자와 받은 자가 이렇게 숨바꼭질하는데 이때 만일 준 자가 발견된다면, 그것은 준 자에게 있어서 치욕이고요. 또 만일 이 은혜를 받은 자가 준 자를 못 찾잖아요. 그러면 또 받은 사람에게 치욕입니다. 이렇듯 서로 쫓고 쫓기는 그런 수많은 갈등 속에서 결국 하나의 결론에 이른다고 합니다. 둘 다 똑같이 하나님을 발견한대요. "아! 하나님께서 하셨구나!"라고 말입니다. 하나님을 찾음으로써 준 자와 받은 자 사이에 평등이 실현된다고 합니다. 모든 믿는 자가 하나님의 은혜 아래에서 참 하나님을 발견했으면 합니다.

제 2 장

하나님과 나 사이, 안녕합니까?

착각하지 맙시다

그러므로 나의 사랑하는 자들아, 너희가 나 있을 때뿐 아니라 더욱 지금 나 없을 때도 항상 복종하여 두렵고 떨림으로 너희 구원을 이루라(빌2:12)

목사님, 이번에는 어떤 주제로 말씀하실지 궁금합니다.

두 번째 제가 하고 싶은 이야기가 있어요. "하나님과 나 사이는, 안녕합니까?" 이런 얘기입니다.

질문을 들으니, 이야기가 더 궁금해집니다.

엘리 제사장이 사역은 잘했잖습니까? 한나가 와서 기도할 때, 처음에는 술에 취한 여자라고 책망했다가 사정을 듣고 엘리 제사장이 안수 기도를 해 주었는데 한나가 이후에 사무엘을 낳았잖아요?

또 사무엘을 데리고 와서 성전에 바치니까 사무엘 대신 다른 자녀를 주시라고 하나님께 기도해 줬는데, 한나가 이후로 3남 2녀를 낳았잖아요. 오랫동안 자녀가 없어서 그토록 상심하며 기도했던 한나가 말입니다. 요즘 말로 하면 목회를 아주 성공적으로 잘한 분이고 하나님께 크게 쓰임 받은 귀한 사역자였습니다.

그런데 하나님께서 그 유능한(?) 제사장인 엘리와는 말씀을 안 하시고, 하나님의 부르시는 음성도 못 알아듣는 사무엘과 대화하기를 원하셨습니다, 하나님은 사무엘을 부르시는데 사무엘은 엘리 제사장이 자기를 부르는 것으로 착각할 정도로 어리고 답답한데도, 하나님은 계속해서 사무엘을 부르신단 말입니다. 사무엘은 하나님께서 부르시는 것을 계속 알아차리지 못한 채 엘리에게 갑니다. "부르셨습니까?"라고 말하면서 가 보면, "안 불렀으니까 물러가서 자라." 이걸 몇 번 되풀이 합니다. 그렇게도 사무엘은 감을 못 잡아요. 이때 엘리가 "하나님께서 이 아이를 부르셨구나." 생각하죠. 그래서 사무엘에게 "누가 또 너를 부르거든, 나한테 오지 말고 그 자리에서 무릎을 꿇고 '주여 말씀하옵소서. 종이 듣겠나이다.' 하라."라고 시킵니다.

또 사무엘에게 부르는 음성이 들리자, 이번에는 사무엘도 엘리 제사장이 시키는 대로 "주여 말씀하옵소서. 종이 듣겠나이다." 하니 하나님께서 어린 사무엘한테 엘리 집안의 죄악과 그에 따라 내리실 형벌을 미리 말씀하신 겁니다.

그러면 엘리와 하나님 사이, 사무엘과 하나님 사이, 이건 어떻게 말해야 할까요? 엘리 제사장의 사역으로 보면, 이 사람은 훌륭한 목사이긴 하지만, 하나님과의 사이는 좋은 것이 아니라는 겁니다. 사무엘은 하나님 음성을 듣고도 분별하지 못하는, 다만 성전 청소하는 어린아이에 불과한데, 그 아이와 하나님 사이는 최고로 좋은 사이란 말이에요. 오늘, 바로 지금, 하나님과 나 사이가 어떠냐? 이겁니다. 그런데 사람들이 이것에는 관심이 없습니다.

이것은 무엇보다 사역자분들이 꼭 새겨들어야 할 주제인 것 같습니다.

내 사역이 잘 되면 당연히 하나님하고 내 사이가 좋은 것으로 알아요. 이스라엘 백성을 한 번 볼까요? 40년 광야 생활 동안, 아침에는 만나 먹고 저녁에는 메추라기 먹고. 낮에는 구름 기둥이 시원하게 해 주고 저녁에는 불기둥이 따뜻하게 해 주고요. 물 떨어지면 반석에서 물이 나오고 이런 식으로 하나님께서 매일 도와주셨습니다. 인류 역사에 이들처럼 하나님의 기적과 특혜를 받은 사람들이 있었을까요? 이렇게 특별한 은혜를 입은 이스라엘 백성들과 하나님 사이가 좋은 겁니까, 나쁜 겁니까?

"광야에서 욕심을 크게 내며 사막에서 하나님을 시험하였도다. 그러므로 여호와께서는 그들이 요구한 것을 그들에게 주셨을지라도 그들의 영혼은 쇠약하게 하셨도다."(시106:14-15)

당연히 사이가 좋을 것으로 생각됩니다.

하나님께 매일 모든 것을 얻어먹었고. 필요한 모든 것을 공급받았지만 아주 문제가 많았던 관계였습니다. 이들은 자주 하나님께 불평했고, 하나님 역시도 얼마나 화가 나셨는지, 이스라엘 백성들을 아주 포기해 멸망시켜버리려 하셨던 겁니다. 말하자면, '그 인간들'을 말이죠. 그런데 모세가 하나님께 사정하니 겨우 봐주신 거잖아요. 자기들은 하나님께서 주셨기 때문에 먹는 거라고 하면서, 스스로 하나님하고 사이가 굉장히 좋다는 착각을 하고 살았습니다.

오늘날 목사님들과 장로님들이 똑같은 잘못을 저지르고 있는 것 같습니다. 하나님께서 길 잃고 헤매는 영혼들을 구원하시려고, 교회 때문에 목사 장로를 사용해 주시는 것뿐인데, 이분들은 자기들의 헌신과 충성을 하나님께서 기뻐하시고 하나님과 사이가 좋아서, 하나님께서 자기를 쓰신다고 착각한단 말입니다. 하나님과 나 사이에 보호를 안 하는 겁니다.

그 결과, 설교도 예언자적 말씀보다는 청중들이 원하는 설교를 하기 위해 인터넷을 뒤져서 청중들의 귀와 머리를 즐겁게 하는 유명한 말만 전달하게 되고, 장로님들은 대표 기도 시간에 기도를 빙자해 연설하시는 분들이 있습니다. 오히려 자기 스스로 하나님과 관계가 좋다고 착각하고 사는 것이죠.

그래 교회들에서 각기 다른 현상이 벌어지고 있습니다.

목사는 입으로 설교하고 교인들은 귀로 듣는 교회,

목사는 머리로 설교하고 교인들은 머리로 듣는 교회,

목사가 가슴으로 설교하고 교인들도 가슴으로 듣는 교회.

이 중 어떤 교회에서 변화의 역사가 일어날까요?

목사님 이야기를 듣다 보니, 키르케고르 《이방인의 염려》에 나오는 이 야기가 생각납니다. 세상에는 두 종류의 이방인이 있답니다. 기독교 세계 밖에 있는 이방인과 기독교 세계 안에 있는 이방인이랍니다. 이 중에서 진 리로부터 더 멀리 있는 사람은 기독교 세계 밖에 있는 이방인이 아니라, 기 독교 세계 안에 있는 이방인이라고 했습니다. 왜냐하면 기독교 세계 밖에 있는 이방인은 자기가 기독교 밖에 있다는 것을 알기에, 진리로 돌아올 수 있지만, 기독교 세계 안에 있는 이방인은 자기가 진리 안에 있다고 '착각'하 고 있기에 자신의 힘으로는 진리로 돌아올 수 없다고 말했습니다. 무엇보다 사역자가 이런 착각의 덫을 조심해야 하지 않나 하는 생각이 들었습니다.

네, 좋은 생각입니다.

하나님과 나 사이를 지킵시다

이 주제에 대하여 목사님께 좀 더 이야기를 듣고 싶습니다.

또 여기서 한 예를 들어볼까요?

사울과 다윗입니다. 두 사람 모두 하나님께서 직접 선택하신 왕이잖아요. 사울은 아말렉을 진멸하라는 하나님의 명령을 거부하고 딴짓합니다. 하나님께서 당신께서 사울을 왕으로 세운 것을 후회하신다고, 이제는 버린다고 말씀하십니다. 사무엘은 이 사실을 사울에게 전했지만, 사울은 이 통보를 듣고도 무릎 꿇고 회개하지 않았습니다.

"그건 그거고, 지금 나 혼자 가면 백성들이 이상하게 생각하니까 사무엘 당신이 나랑 같이 가서 내 체면을 세워 주시고 변함없이 내 편인 것을 보여줘."

사울은 백성들과 자기 사이만 보호하려고 했고, 하나님과의 사이는 전혀 관심을 두지 않았습니다. 사람 눈치만 봤습니다. 그래서 하나님께 버림을 당하죠. 다윗은 정반대죠. 하나님께서 사도행전 13장 21~22절을 통해 이렇게 말씀하셨죠?

"그 후에 그들이 왕을 구하거늘 하나님이 베냐민 지파 사람 기스의 아들 사울을 사십 년간 주셨다가 폐하시고 다윗을 왕으로 세우시고 증언하여 이르시되 내가 이새의 아들 다윗을 만나니 내 마음에 맞는 사람이라 내 뜻을 다 이루리라 하시더니."

다윗은 어렸을 때 위로 형들과는 배가 다른 아들이다 보니, 어린 나이에 양을 치게 했던 거 같아요. 어린아이가 혼자 들에서 양들을 돌볼 때, 얼마나 무서웠겠습니까? 설움이 많았겠죠. 그런데 이런 다윗을 하나님께서 만나주시는 겁니다. 양무리를 치다 시상이 떠오르면 시를 짓고 여기에 곡을 붙여 노래를 지어 부릅니다. 우리가 요즘 흔히 부르는 찬송이 아니고, 하나님께서 들으시고 진짜로 임재하시는, 그런 진짜 찬송을 부릅니다.

이 목사님은 혹시 서편제라는 영화 봤나요? 이 영화에서, 딸이 소리를 그렇게 잘하는데, 아버지가 한약을 먹여 그 딸의 눈을 멀게 만들어 버립니다. 가슴에 맺힌 한이 있어야 진짜 소리가 나온다고 말하면서요. 진짜 소리를 내면 귀신도 같이 통곡한다는 뭐, 그런 동양의, 특히 한국의 그런 소리.

이렇듯 뭐 진짜 소리라고 하는 것이 있는가 봅니다.

저는 그 영화의 입장에서 한 번 다윗을 생각해 본 겁니다. 다윗이 진짜 찬양을 올려드리니까 하나님의 신이 임재한 겁니다. 다윗에 대해 그런 소문이 나고, 사울에게 악신이 들렸을 때 다윗을 불러옵니다. 다윗이 노래를 부르고 하프를 켜면, 바로 악신이 떠나갔습니다. 이렇게 다윗이 하나님의 신으로 힘을 받아서 그렇게 살아온 것 아닙니까? 골리앗도 죽이고요.

하나님을 진짜 경험한 다윗이었는데, 왕이 되었다고 건방을 떨다 못해 밧세바하고 간음을 저지르고, 자기 죄를 감추기 위해 충복이었던 밧세바 남편도 죽여 버립니다.

다윗은 어렸을 때 위로 형들과는 배가 다른 아들이다 보니, 어린 나이에 양을 치게 했던 거 같아요. 어린아이가 혼자 들에서 양들을 돌볼 때, 얼마나 무서웠겠습니까? 설움이 많았겠죠. 그런데 이런 다윗을 하나님께서 만나주시는 겁니다. 양무리를 치다 시상이 떠오르면 시를 짓고 여기에 곡을 붙여 노래를 지어 부릅니다. 우리가 요즘 흔히 부르는 찬송이 아니고, 하나님께서 들으시고 진짜로 임재하시는, 그런 진짜 찬송을 부릅니다.

이 목사님은 혹시 서편제라는 영화 봤나요? 이 영화에서, 딸이 소리를 그렇게 잘하는데, 아버지가 한약을 먹여 그 딸의 눈을 멀게 만들어 버립니다. 가슴에 맺힌 한이 있어야 진짜 소리가 나온다고 말하면서요. 진짜 소리를 내면 귀신도 같이 통곡한다는 뭐, 그런 동양의, 특히 한국의 그런 소리.

이렇듯 뭐 진짜 소리라고 하는 것이 있는가 봅니다.

저는 그 영화의 입장에서 한 번 다윗을 생각해 본 겁니다. 다윗이 진짜 찬양을 올려드리니까 하나님의 신이 임재한 겁니다. 다윗에 대해 그런 소문이 나고, 사울에게 악신이 들렸을 때 다윗을 불러옵니다. 다윗이 노래를 부르고 하프를 켜면, 바로 악신이 떠나갔습니다. 이렇게 다윗이 하나님의 신으로 힘을 받아서 그렇게 살아온 것 아닙니까? 골리앗도 죽이고요.

하나님을 진짜 경험한 다윗이었는데, 왕이 되었다고 건방을 떨다 못해 밧세바하고 간음을 저지르고, 자기 죄를 감추기 위해 충복이었던 밧세바 남편도 죽여 버립니다.

그러다가 하나님께서 나단 선지자를 다윗에게 보내시죠. 죄를 저지르고도 회개할 줄 모르던 다윗의 악행이 이제 드러나는 겁니다. 만일 다윗이 사람 눈치를 봤다면 나단을 죽여 버리면 끝나지 않겠습니까? 그렇지만, 다윗은 공개적으로 회개를 합니다. 시편 오십 일편 말씀 있죠?

하나님이여 주의 인자를 따라 내게 은혜를 베푸시며 주의 많은 긍휼을 따라 내 죄악을 지워 주소서. (중략) 주의 얼굴을 내 죄에서 돌이키시고 내 모든 죄악을 지워 주소서. 하나님이여 내 속에 정한 마음을 창조하시고 내 안에 정직한 영을 새롭게 하소서. 나를 주 앞에서 쫓아내지 마시며 주의 성령을 내게서 거두지 마소서.

"내가 죽어도 괜찮고 왕 안 해도 괜찮은데 하나님에게 쫓겨나면 나는 살 의미가 없는 사람입니다. 주의 성령이 떠나가 버리면 나는 살 의미가 없어요." 제게는 이런 음성으로 들립니다. 그렇다면 다윗은 백성들과 자신의 관계를 중요하게 여기는 걸까요, 하나님과의 관계를 중요하게 여기는 걸까요?

목사님이 말씀하신 대로라면, 다윗은 하나님과 자기 사이를 중요하게 생각한 것으로 보입니다.

다윗이 그런데 말년에 인구 조사를 해서 하나님께 또 혼나잖아요. 하나님께서 선지자 갓을 다윗에게 보내셔서 혼나는 방법 중에서도 세 가지 중에 하나를 선택하라 하셨고요. 7년간 기근을 겪을지, 원수에게 쫓겨 3달 동안 도망 다닐지, 사흘 동안 전염병을 겪을 것인지(삼하 24:13-14).

다윗에게 그때 선택 기준이 뭐였죠? "제가 사람 손에 당하기보다 하나님 손에 저를 맡기고 싶습니다." 다윗이 이렇게 나오니까 하나님께서 정말로 다윗을 살려주셨잖아요. 결론적으로 말해서, 다윗이 한 모든 것은, 하나님과 자기와 사이를 지키고 보호하는 거였어요. 사울은 하나님과의 관계가 아니라 사람과의 관계를 더 중요시한 사람이었고요.

오늘 목사님과 장로님들이 하나님과 자기 사이를 더 중히 여깁니까? 아니면, 교인들하고 자기 사이를 더 중히 여깁니까? 제 생각에는 사람과의 관계를 더 중히 여기고 사람의 눈치를 더 본다고 생각합니다. 심지어 어떤 교단에서 목사들은, 장로가 아주 득세하니까 장로 눈치 보느라고 하나님 눈치 볼 여유가 없기도 한 것이 오늘날 우리 믿는 자들의 세태입니다. 현실이 이런데도, 자기들은 지금 잘하고 있다고 생각합니다. 하나님과 자신 사이는 엉망인데 "나는 엘리처럼 목회 잘한다." 여기고 있습니다.

결국, 엘리의 아들들이 블레셋 전쟁에 패하고 전사합니다. 당시에 블레셋 족속도 이방신을 믿었어요. 그렇게 따지면 민족 간의 전쟁은 결국 신들 사이의 전쟁이 되는 겁니다. 그렇다면, 분명히 하나님의 궤가 전쟁터에 들려갔으니, 당연히 전쟁에서 이겨야 하거든요. 그런데 전쟁에 졌을 뿐 아니라 하나님의 궤를 블레셋 족속에게 뺏기고 말았습니다. 그걸 우리가 뭐라고 해석해야 할까요?

"내가 망신당할망정 너희들 편은 안 들어 줄 거야. 나를 무시한 너희 편안 든다. 나는 너희한테 이용당하지 않는다고!"

하나님의 이런 뜻이 아니셨을까요? 하나님의 궤를 빼앗겼지만, 하나님의 궤는 다시 돌아옵니다. "나는 너희 편 안 들어준다. 그러나 내가 하나님인 것은 내가 스스로 증명해." 그러나 오늘날 우리는 여전히 하나님을 이용해 먹으려고만 하고 있습니다.

목사님께서 말씀하신 내용은 아주 중요한 교훈입니다. 결국, 이것은 "여호와를 경외하는 것이 지혜의 근본이요"라고 말한 잠언 9장 10절의 말씀을 실천한다는 것이 얼마나 어려운지 반증하는 것 같습니다. 눈에 보이지 않는 하나님을 두려워하기보다 눈에 보이는 사람을 더 두려워하기 때문입니다.

쓰임보다는 관계를 먼저 생각합시다

저는 이걸 통해서 마태복음 7장 22절~23절 말씀을 통해 하나님께서 우리에게 주신 말씀을 깨달았어요.

"그날에 많은 사람이 나더러 이르되 주여 주여 우리가 주의 이름으로 선지자 노릇 하며 주의 이름으로 귀신을 쫓아내며 주의 이름으로 많은 권능을 행하지 아니하였나이까 하리니 그 때에 내가 그들에게 밝히 말하되 내가 너희를 도무지 알지 못하니 불법을 행하는 자들아 내게서 떠나가라 하리라."

"내가 주의 이름으로 선지자 노릇 했습니다. 귀신을 쫓아냈습니다. 예수 이름으로 했어요. 능력을 행했습니다."라고 할 것이지만, 주님께서 "나는 너를 모른다." 하실 거라고 분명히 말씀하십니다. 불법했다고 쫓아낼 거라고 하셨습니다. 왜 그럴까요?

"내가 지금 교회 때문에 너를 쓰긴 했어. 근데 너 나 존중 안 했잖아. 너와 나 사이는 엉망이었다."

저는 이것을 두고, 예수님께서 그들에게 '똥 친 막대기'란 말씀하신다는 생각이 듭니다. 옛날에 똥 친 막대기란 말이 뭐냐 하면, 예전에 개들이 문 앞에 똥을 싸놓으면 이 똥을 손으로 치울 수 없어 나무 막대기 하나 가져와서 똥을 치우는 겁니다. 똥은 치웠는데, 그 막대기에 개똥이 묻었잖아요. 그러면 그걸 다시 닦아서 쓸까요?

버리겠죠.

그래요. 쓰긴 썼는데 똥과 함께 버림받은 겁니다.

정말 무서운 일입니다, 목사님. 하나님께 쓰임 받은 줄 알았는데 결국 버려진다니 말입니다.

마태복음 7장 말씀이 그거라고 생각합니다.

"내가 널 쓰기는 쓴 거 맞아. 그런데 너는 나를 위해서 일한 거 아니야. 네가 생색내고 네가 누릴 거 다 누리고 했으니, 너는 그것으로 할 일 끝났다."

그런데 이 사람은 자기가 주님께 쓰임 받았으니, 천국까지 간다고 지금 착각하고 있는 거예요. 쓰임 받는 것이 중요한 게 아니라 하나님과 나 사이를 철저히 보호해서 주님께서 원하시고 기뻐하시는 종이 돼야 하는데, 하나님을 중심으로 모시는 것이 아니고 사람을 중심으로 모시다 보니, 결국 사람의 일꾼이 되어 버린 겁니다. 제가 한 예를 더 들어 볼게요.

어떤 사람이 결혼했어요. 부부가 빨리 집을 장만하기로 마음먹고, 맞벌이하면서 밤샘 근무도 밥 먹듯 하며 매우 바쁘게 살아갑니다. 그러던 어느 날, 남편이 제정신이 들었죠.

"우리가 같이 행복해지려고 결혼했는데 서로 얼굴 볼 시간도 없이 바쁘니 이건 아닌 것 같다. 우리 3일 정도 제주도에 휴가라도 가서 의미 있는 시간을 갖고 오자."

그런데, 부인은 이렇게 나옵니다.

"나 바빠서 당신이랑 한가하게 여행 못 가니, 당신 친구들하고 같이 갔다 와."

같이 행복하기 위해 결혼했는데, 이 행복을 '내 집 장만' 이란 목표에 뺏겨버린 거죠. 우리가 그런 식으로 주님 일 한다면서 주님을 외면하고, 오직 교회 부흥만을 위해 주님을 도우미로 이용하는 어리석음을 범하고 있지 않은지 두려울 뿐입니다 "나하고 친해야 해."라고 주님께서는 우리에게 말씀하시는데, "제가 목회가 바빠서 하나님 만날 시간이 없어요."

그런데 자기는 주님께 충성하고 있다, 이렇게 생각합니다. 주님께서 생각하실 때는 그게 아닌데 말입니다. 하나님과 나 사이를 지금 내가 어떻게 보호해야 하느냐, 이것이 가장 중요한 문제입니다. 우리가 정신 차려야 해요.

먼저 화해합시다

"모든 것이 하나님께로서 났으며 그가 그리스도로 말미암아 우리를 자기와 화목하게 하시고 또 우리에게 화목하게 하는 직분을 주셨으니 곧 하나님께서 그리스도 안에 계시사 세상을 자기와 화목하게 하시며 그들의 죄를 그들에게 돌리지 아니하시고 화목하게 하는 말씀을 우리에게 부탁하셨느니라 그러므로 우리가 그리스도를 대신하여 사신이 되어 하나님이 우리를 통하여 너희를 권면하시는 것 같이 그리스도를 대신하여 간청하노니 너희는 하나님과 화목하라."(고후 5:18~20)

톨스토이의 단편소설 있죠?《사랑이 있는 곳에 신이 있다》거기에 이런 이야기가 실려 있습니다.

한 구두 수선공이 있었습니다. 매일 저녁에 성경을 읽고 기도하고 잠을 자는데 하루는 하나님께서 "내일 내가 너희 집을 방문하겠다."라고 말씀하신 것을 듣습니다. 아침에 일어나서 하나님을 영접하기 위해 청소를 깨끗이 하고 다과도 준비하고 따뜻한 차도 준비하고 주님 오시기만을 기다리며 창밖을 보는데, 눈을 치우는 늙은 청소부들이 추위에 떨다가 햇볕을 쬐고 있는 것을 발견하고는, 예수님 드리려고 준비했던 다과와 따뜻한 차를 그 사람들에게 대접했습니다. 점심때에는 또 어린아이를 안은 아주머니가 지나가는데, 한겨울에 그것도 다 헤진 여름옷을 입고 있으면서 아이가 울며 보채도 젖 먹일 생각을 안 하고 있습니다. 그래서 들어오라고 해서 왜 아이에게 젖을 안 먹이느냐고 물으니, 며칠을 굶어 젖이 안 나온다고 합니다. 구두 수선공은 아주머니에게 따뜻한 음식을 먹여 주고 낡은 외투와 함께 적은 액

수이긴 하지만 돈까지 내어 줍니다. 그러면서 오후가 되지만, 기다리는 하나님은 여전히 안 오시고요. 저녁이 되었는데도 하나님이 오시지 않아 실망하고 있을 때 그러던 중에 또 창밖을 보니, 어떤 사과 장수 할머니가 도망가는 아이를 잡아서 막 때리는 겁니다. 배고파서 사과를 훔쳤다는 소년을 자기 집에 들어오라고 불러서, 사괏값을 할머니에게 물어주고 아이를 용서하도록 권유합니다. 하루가 다 저물었는데도 하나님이 약속을 지키지 않음에 실망한 상태로, 구두 수선공은 성경을 읽고 기도하고 있는데, 부스럭거리는 소리에 눈을 떠보니 낮에 자기가 도와주었던 사람들이 웃으면서 자기를 보고 있는 모습이 보입니다

"예수님, 오늘 저희 집에 오신다고 약속하셨는데 왜 안 오셨습니까?"

"내가 너한테 세 번이나 다녀왔단다. 네가 나를 박대하지 않고 영접해 주어서 고맙다."

구두 수선공이 그날 낮에 대접했던 사람들이 다 예수님께서 변장하시고 자신을 찾아오신 것이었습니다. 우리가 거창한 일을 해야 하나님 만나는 거 아니고요. 예수님께서 말씀하셨던 오른편 양처럼 살면 하나님과 사이가 좋아져요. 그런데 왼편 염소처럼 살면서 자기가 하나님을 기쁘게 한다고 착각하고 있거든요.

분명히 예수님께서 우리에게 말씀하셨잖아요. 당신께서 화목 제물이었다고. "내가 너로 하여금 화목하게 하는 직책을 줬다."라고 말씀하십니다.

목사이든 장로이든, 우리는 '화목하게 하는 직책의 사명'을 주님께 받은 겁니다. 이 사람들이 화목한 직책을 서로 감당하면 평화가 와요. 그럼, 하나님과의 사이가 좋아져요. 근데 화목하게 해야 할 직책을 거꾸로 삼아서, 예배당에서 맨날 서로 경쟁하고 싸우고 시비 걸고 다들 요즘 이렇게 하고 있지 않습니까.

어느 나라나 정치에는 진보와 보수가 있지 않습니까? 그러면 진보층도 예수님 믿는 사람이 있고 보수층에도 예수님 믿는 사람이 있어요. 그런데 같이 예수님 믿는 사람들끼리 하나님의 자녀로서 화목하게 지내기보다, 정치 성향이 다르다면서 원수지간으로 지냅니다. 생각이 서로 달라 화합하기 어렵다는 핑계로, 서로 얼마나 헐뜯고 물어뜯는지 모릅니다.

심지어 요즘 어떤 목사님은 자신을 보수 중에 그것도 극우파라고 칭하면서, 예수 믿는다는 사람들을 끌어모으고, 세상을 시끄럽게 만들고 있습니다.

예수 안 믿는다고 하는 세상 사람들이야 얼마든지 싸울 수 있습니다. 이것을 우리 예수 믿는 사람들이 화해시켜야 합니다. 보수와 진보는 서로 다를 수밖에 없는 것을 이해시키고, 서로 배려하고 존중하게 하여 이 둘을 화해시켜야 하는데, 오히려 예수 믿는다는 사람들이 앞장서서 싸움을 더 크게 벌이고 있단 말입니다. 그러면 하나님과 나 사이는 틀어지는 겁니다. 보수도 하나님 믿고 진보도 하나님 믿어요. 다만 각자의 주관이나 생각, 정치적인 견해들이 조금씩 다를 뿐이에요. 그런데 이 것 때문에 예수님 믿는 사람들끼리 서로 이를 악물고 싸우면 어떡합니까? 한 편은 광화문에서, 다른 한 편은 시청에서 모여서 싸우는 것을 교회가 화해시켜야 하는데도, 지금 교회가 앞장서서 오히려 싸움을 부추기고 있습니다. 하나님과 자기 사이가 틀어지는 데엔 전혀 관심이 없습니다.

교회사적으로 종교재판으로 행해졌던 마녀사냥이나 아나뱁티스트 박해를 보면, 생각과 교리, 그리고 예수 믿는 방법이 나와 다르다는 이유로, 똑같은 예수를 믿는 그 사람들을 미워하고 증오하여 가장 잔인한 방법으로 고문하고 죽였습니다. 하나님의 사랑이 나의 삶에 있고 내가 하나님과 사이가 좋은 상태였다면 그런 악행은 도저히 저지를 수가 없는데 말입니다. 나만 옳다는 이기적인 생각과 교만으로 하나님을 사랑하고 믿었기 때문에 하나님과 사이가 좋아질 수 없었겠지요. 그냥 자기식대로 하나님을 믿는 거죠. 이걸 알았기 때문에 사도 바울이 "이제 내가 사람들에게 좋게 하랴 하나님께 좋게 하랴 사람들에게 기쁨을 구하랴 내가 지금까지 사람들의 기쁨을 구하였다면 그리스도의 종이 아니니라(갈 1:10)."라고 말했습니다.

결론은, "하나님과 나 사이가 가장 중요하다"라는 말입니다. 그래서 바울이 "형제들아 내가 그리스도 예수 우리 주 안에서 가진바 너희에 대한 나의 자랑을 두고 단언하노니 나는 날마다 죽노라(고전 15:31)." 이렇게 말한 것처럼, 매일 나 자신을 복종시키는 것, 이게 뭘까요? 하나님과 나 사이, 나와 내 형제 사이를 방해하는 나의 인간적인 욕망을 날마다 죽여서, 하나님과 나 사이를 끊임없이 보호한다는 겁니다. 바울은 이렇게 날마다 죽었습니다. 그런데 나는 한 달에 한 번이나 죽을까요? 말까요? 하나님과 나와의 관계에 대해, 한 달에 하루만 관심을 두고, 나머지 29일은 관심이 없습니다. 다른 사람들에게만 관심이 있습니다. 요한계시록에 예수님께서 뭐라고 말씀하십니까?

> "그러므로 어디서 떨어졌는지를 생각하고 회개하여 처음 행위를 가지라 만일 그리하지 아니하고 회개하지 아니하면 내가 네게 가서 네 촛대를 그 자리에서 옮기리라."(계2:5)

이렇게까지 예수님께서 경고하시는데도, 지금까지도 우리는 이 말씀을 못 알아듣습니다. 예수님은 일곱 교회에 계속해서 말씀하십니다. "귀 있는 자는 성령이 교회들에 하시는 말씀을 들을지어다."

예수님께서는 계속해서 우리에게 말씀하시지만, 그걸 못 알아듣고 지금 다른 길로 가고 있습니다. 그렇다면 우리는 지금 어디에 있는 건가요? 우리가 예수님을 만나려면 좁은 길에서 만날 수 있나요? 아니면 넓은 길에서 만날 수 있나요?

좁은 길에서만 만날 수 있지요.

그런데 넓은 길에서 예수님을 만나겠다고 예수님한테 억지를 부리는 겁니다. 예수님을 만나려면 위대한 삶을 살아야 합니다. 예수님께서는 산상수훈 말씀을 통해, 우리에게 절대 정당한 삶을 살지 말고 위대한 삶을 살라고 말씀하십니다. 그런데 '목사는 사람 아니냐?', '장로는 사람 아닌가?' 하면서 정당한 삶을 살면서 하나님과 친하게 지내고 있다고 여깁니다. 정당한 삶을 살면서 넓은 길에서 믿는다고 하고 기도만 하면 되는 줄 알고 있습니다. 빌립보서 2장 말씀을 보실까요?

"너희 안에 이 마음을 품으라 곧 그리스도 예수의 마음이니 그는 근본 하나님의 본체시나 하나님과 동등됨을 취할 것으로 여기지 아니하시고 오히려 자기를 비워 종의 형체를 가지사 사람들과 같이 되셨고 사람의 모양으로 나타나사 자기를 낮추시고 죽기까지 복종하셨으니 곧 십자가에 죽으심이라."(빌 2:5~8)

하나님과 나 사이를 보려면 예수님께서 말씀하신 그 길. 예수님이 서 있는 그 좁은 길로 가야 하고, 예수님께서 사셨던 그 위대한 삶을 살아야 하는데, 지금 우리는 그 길을 가지 않을뿐더러 그 삶을 살지 않고 있습니다. 우리 각자가, 하나님과 나 사이를 보호하기 위해서, 사도 바울처럼 날마다 나를 쳐서 복종시키고 좁은 길을 가는 그 노력, 우리가 그 노력을 해야 한다고 생각합니다.

조율(튜닝)

교향악단이 연주회를 시작하기 전에 연주회장에서 꼭 먼저 하는 일이 있습니다. 오보에가 "A" 음을 내면 그 음을 들은 모든 연주자(70-120명의 15~20 종류의 악기)가 자기 악기를 오보에 음에 맞추어 조율합니다. 그 음에 맞춰 모든 악기가 같은 음으로 조율해야만 오케스트라의 아름다운 화음이 만들어지기 때문입니다. 만약 다른 연주자들은 모두 조율했는데, 누군가 혼자만 게으름을 피우거나 혹은 교만하여 자기 악기를 조율하지 않으면, 누구나 다 알 만한 명곡을, 전 세계적으로 유명한 지휘자, 연주자, 그리고 악단이 연주했음에도 불구하고, 조율하지 않은 한 악기로 인한 불협화음으로 청중들에게 실망을 안겨주는 연주회가 되고 말 것입니다.

주님 앞에서 믿음도 좋다 하고 충성한다는 목사, 장로들이 왜 그리도 갈등하고 분열하고 있을까요? 부흥하여 성장한 교회라는데 그 구성원들 간에서는 서로 사랑하고 용납하지 못한 채, 왜 서로 갈등하고 분열하는 늪에 빠지고 있을까요?

각 직분자들이 자신이라는 악기를 하나님께서 주신 절대음에 맞추어 조율하지 않고 자기식의 음으로 연주(사역)하기 때문이라고 저는 생각합니다. 아무리 좋은 음악이 준비되었고, 명품 악기를 가지고 있고, 또 훌륭한 연주자가 연주한다고 할지라도, 그런 상태라면, 교향악은 불협화음을 내고 청중(성도)은 불편하게 됩니다. 어찌 생각하면 무척 뻔한 결과가 예상되는 이런 상황은 외면하고, 내가 가장 훌륭한 연주자이고, 내가 가진 악기가 최고로 귀한 악기라고 자랑하면서 튜닝은 게을리한 채, 오직 내 악기의 음만 고집해서 화음을 망치는 경우가 오늘날 각 교회의 상황과 같다고 생각합니다. 각 개인으로 보면 이렇게 훌륭하고 믿음 좋고 연륜 있고 학식 높은 직분자들이 다 모여서, 주님을 위해 교회를 위해 헌신하겠노라 나름대로 열심히 하는데, 열심히 하면 할수록 교회 구성원 전체가 시험에 빠지게 되고 공동체는 상처가 깊어져 분열되고, 동역자들은 서로 정죄하고 비난하고 급기야 서로 원수지간이 되는 경우로 치닫기까지 하는 것 말입니다.

"모든 성경은 하나님의 감동으로 된 것으로 교훈과 책망과 바르게 함과 의로 교육하기에 유익하니 이는 하나님의 사람으로 온전하게 하며 모든 선한 일을 행할 능력을 갖추게 하려 함이라."(딤후 3:16~17)

차선책을 하나 제안하자면, 하나님의 절대음을 맞추기 어렵다면, 담임목사가 제안하는 음에라도 조율한다면 한 교회 안에서 일어날 수 있는 갈등과 분열을 최소한으로 막을 수 있는데, 모든 사람이 내 악기의 음이 절대음이고, 내 기준과 내 판단, 내 생각만이 하나님의 뜻이라고 서로 고집하면서 공동체를 병들게 하고 무너뜨리는 일에 열심을 내게 됩니다.

우리는 세상 속에 살아가기에 자신도 모르는 사이에 세상이 주는 생각,

마귀가 주는 생각에 속아 오염이 되고, 결국 하나님과 나 사이에 불순물이 끼게 됩니다. 우리 모두 예수님을 사랑하고 믿음 생활을 바로 하려는 열정이 뜨거운데도, 지금까지 서로 다른 '자기 의로움'이라는 절대음으로 자신이라는 악기를 조율해 왔기 때문에, 지금까지의 한국 교회들뿐만 아니라 전 세계적으로 거의 모든 교회 안에서, 나와 다른 사람들을 조화시킬 수가 없었던 것입니다.

따라서, 연주하기 전 모든 연주자가 예외 없이 각자 악기를 조율하듯, 매일의 사역을 시작하기 전에, 모든 사역자와 직분자가 예외 없이, 먼저, 하나님의 말씀과 하나님의 뜻을 기도로 여쭙고, 다음에 자신들의 생각, 계획, 방법을 조율하는 겸손함이 모두에게 먼저 필요하다고 생각합니다. 우리가 모두 하나님께서 주신 절대음에 맞추어 각자 각자 조율한다면, 사역자들의 수고가 헛되지 않고 마귀에게 속지 않게 되어, 성령의 귀한 열매를 맺게 될 것입니다.

예수님께서 겟세마네 동산에서 예수님 당신의 생각은 버리고 하나님의 뜻에 자신을 조율하기 위해 땀방울이 핏방울 되도록 세 번이나 거듭 기도하고 조율에 성공하셨기에, 십자가 위에서 "다 이루었다."라고 고백할 수 있었습니다.

바울도 자기를 부인하고 하나님의 뜻에 자기를 조율하기 위해 날마다 죽는다(고전 15:31), 나를 쳐서 복종시킨다(고전 9:27)고 했습니다. 이처럼 조율에 성공했기에, 바울은 살든지 죽든지(빌 1:20) 먹든지 마시든지 오직 하나님의 곡만 연주하겠다고 고백하였고(고전 10:31), 주님의 부르심 앞에서 선한 싸움을 다 싸우고, 달려갈 길을 마치고, 믿음을 지키는 연주를 잘하여 의로우신 재판장에게 의의 면류관을 받으러 간다고 외치며 연주를 마치었습니다 (딤후 4:7~8).

여기까지 목사님 말씀을 제가 정리해 보자면, 하나님과 나 사이를 지키기 위해서 먼저 사람들과 화해하는 삶을 살아야 하며, 넓은 길이 아니라 좁은 길, 정당한 삶이 아니라 위대한 삶을 살아야 한다는 말씀이군요. 이것이 바로 사도 바울이 말한 것처럼, "날마다 죽는 삶"임을 다시 한번 깨닫습니다.

제 3 장

생각을 생각하는 사람이 됩시다

생각하며 삽시다

이창우 목사님? 데카르트가 한 말 중에서, 제일 유명한 말 생각나는 거 뭐 있을까요?

"나는 생각한다. 고로 나는 존재한다." 같습니다.

그럼, 파스칼은요?

"인간은 생각하는 갈대다."입니다.

그래요. 생각하는 갈대. 이 목사님이 생각할 때는, 사람들이 생각이라는 것을 하고 사는 것 같아요?

글쎄요. 목사님 말씀과 관련해서 제가 학생들 논술 지도할 때 다뤘던 주제가 생각납니다. 히틀러 정권 아래의 나치 독일 홀로코스트 실무책임자였던, 아돌프 아이히만이 왜 많은 사람을 죽였는가에 대해서, 독일의 철학자 한나 아렌트가 한 말이 있는데 목사님께서도 아실 겁니다. '악의 평범함'이라고요.

아렌트가 만난 아이히만의 인상은, 그가 저지른 극도의 잔인한 악행에 대해서는 너무나도 평범해 보이는, 다시 말해서, 우리가 주위에서 흔히 보는 중년 남성의 이미지였는데요. 그렇게도 평범하게 생긴 사람이 많은 사람을 학살하는 극악무도한 전범이 된 것에 대해, 아렌트는 '인간이 생각하지 않았기 때문'이라고 말했습니다.

그래요. 이 생각. 이스라엘 백성들이 광야에서 망했지 않습니까? 그런데 전능하신 하나님께서 그들을 출애굽 시키기 전에 10번이나 전무후무한 기적을 베푸시면서, 그것도 반복해서 교육했잖아요. 이집트에서 탈출할 때는 금은 패물을 받고 큰소리치면서 나왔고요.

그런데 이들이 막상 홍해 앞에 도착했는데, 이 바다를 건널 수 있는 배도 없지, 다리도 없지, 하다못해 뗏목도 없어요. 그때부터 끝없이 하나님을 원망하다가 결국은 망하거든요. 만일 홍해 앞에서 이스라엘 민족이 아주 적어도 단 10분 만이라도, 원망하는 대신 깊이 생각했다고 합시다. 하나님께서 이집트에서 그렇게도 신비한 기적을 행하셔서 여기까지 우리를 데리고 오셨는데, 그렇다면 과연 여기서 우리를 죽이려고 여기까지 데리고 왔을까? 속된 말로, "그 난리를 치고 데리고 나왔는데, 설마 그건 아니겠지." 우리가 지금 생각해 봐도, "그래도 다른 뭔가가 있겠지." 이런 결론이 나오거든요. 그런데 그들은 생각은 안 하고 그 현장을 맞닥뜨렸을 때 어려운 환경과 당장에 올라오는 그 감정을 자제할 줄 모르고 하나님을 원망해 버렸습니다. 만일 그들이 거기서 단 10분간만이라도 '생각'이라는 것을 했다면, "이집트에서 신비한 기적으로 하나님 되심을 증명해 주신 하나님께서 여기서도 우리가 모르는 신비한 하나님의 기적의 계획이 있을 거야. 그러니 조용히 기다려 보자." 이렇게 나오지 않았을까요?

중요한 통찰입니다.

이제는 이스라엘 백성들이 하나님의 신비한 능력으로 홍해를 건넜습니다. 그들은 저녁 내내 경배와 찬양으로 하나님께 영광을 돌렸습니다. 그런데 며칠 지나지 않아 이번에는 또 물이 쓰다고 원망합니다. 또 음식이 떨어졌다고 원망합니다. 하나님께서 만나를 매일 공급해 주십니다. 이번엔 고기 먹고 싶다고 또 원망합니다. 아침에 만나를 공급받아 먹고 더울세라 추울세라 구름 기둥과 불기둥이 늘 둘러싸고 있는데도 번번이 원망하고 불평합니다. 이스라엘 백성은 도대체 왜 그랬을까요? 생각하지 않은 겁니다. 만약에 그들이 홍해 앞에서 생각했다면, 상황은 달라졌을 겁니다. 그렇다면 다음에는 아무리 물이 쓰다 하더라도 원망하지 않았을 겁니다.

"이번에는 하나님께서 또 어떻게 역사하실지 기대하자."

계속 문제가 있을 때마다 오히려 기대하면서 하나님의 새로운 역사를 기다리는 흥분된 삶을 살 수 있는데, 생각을 안 하니까 계속 불평하고 원망하고 스스로 불행한 인생을 살다가 결국은 망하고 말았던 것입니다.

목사님께서 오늘날 크리스천들뿐만 아니라 모든 사람에게 꼭 필요한 말씀을 해주셨습니다. 이 문제는 자기 성찰과도 관련이 있어 보입니다. 자기 성찰을 하지 못하는 사람은 동물과 같고, 오히려 더 악하게 되어서 하나님을 원망만 하기에 이르다가 심지어는 폭력적으로 되고 마는데요. 중요한 주제를 말씀해 주셨는데, 이 이야기가 어떻게 흘러갈지 궁금하군요.

생각을 또 생각합시다

"대저 그 마음의 생각이 어떠하면 그 위인도 그러한즉"(잠 23:7)

현재 우리 아이들을 볼까요. 중, 고등학생의 20~30%가 꿈이 없다고 합니다. 왜 꿈이 없을까요? 생각을 안 하니까 꿈이 없는 겁니다. 생각하기가 싫은 거예요. 여기 생각하는 멋있는 사람이 있으니 다니엘입니다. 다니엘은 포로였습니다. 포로로 잡혀 왔으면 노예가 되거나 하는 등 아주 비참한 신세가 되어야 하는데, 오히려 왕립 학교에 입학해서 들어가게 됐어요. 이때 다니엘이 '생각'을 깊이 했던 것 같습니다. "내가 노예로 비참하게 살아야 하는데 하나님의 은혜로 여기까지 왔네. 정말 감사하다."

이렇게 생각하니까 "아, 내가 하나님의 은혜에 보답해야 하겠다." 이런 결론에까지 이르게 되는 겁니다. 그런데 보답할 길이 없습니다. 또 생각합니다. 한편, 다니엘이 잡혀간 나라는 하나님을 안 믿었기 때문에 부정한 음식이 나오는 것을 봅니다. "내가 부정한 음식을 안 먹고 정결한 음식만 먹는 것으로 하나님의 은혜에 보답해야 하겠다."

다니엘이 이 생각을 하게 되니까 육식을 안 하고 채식만 하겠다고 다짐하잖아요. 왕립학교 기숙사 사감에게 자신이 채식만 하게 해 달라고 부탁하기에 이릅니다. 사감은 다니엘의 요구가 황당해서 이를 거부합니다.

"너 웃기고 있다. 주는 대로 먹어라. 네가 먹는 이 음식은 전부 왕이 하사한 건데 네가 제대로 안 먹고 얼굴이 마르면 나보고 부식 빼돌렸다고 할 거야. 그러면 너 때문에 내가 처벌받게 되니까, 이상한 소리 하지 말고 주는 대로 무조건 먹어라."

이렇게 잔소리만 잔뜩 듣습니다. 그래도 다니엘은 오직 하나님 은혜에 보답하고 싶은 마음으로 뜨겁습니다. 열흘 동안 기회를 주어 판단해 달라고 다시 청원하니, 사감도 결국에는 허락하는데, 바로 그 마음을 하나님께서 보신 겁니다.

열흘간 채소만 먹었는데도 다니엘 얼굴이 좋으니, 이후로는 채식을 할 수 있게 되었습니다. 하나님께서 이런 다니엘의 마음을 보셨고, 다니엘이 수석으로 졸업하도록 은혜를 베풀어 주신 겁니다. 다니엘은 계속해서, 요즘 말로 하면, 과장 국장 장관 이런 식으로 승승장구하게 됩니다. 결국 세 명 중에서 한 명을 뽑는 총리직에까지 지명되기에 이르게 되었습니다.

그때 다니엘을 시기하던 사람들이 다니엘을 제거해 보려고 노력하지만, 경건한 다니엘에게서 허점을 찾을 수가 없자 다니엘의 신앙으로 함정을 만듭니다. 다니엘은 날마다 하나님의 은혜에 보답하고 감사하는 마음으로 하루에 3번 이스라엘을 향해 기도하는 습관을 지니고 있었는데, 이러한 다니엘을 함정에 빠뜨리고자, 국론 통일을 핑계로 댑니다. 그래서, 왕 외에 다른 어떤 신에게 기도하면 그자는 사자 굴에 집어넣어 죽이기로 모의하고 왕의 허락까지 받아 내었습니다.

이쯤 되면 다니엘도 감을 잡겠죠. "이 사람들이 지금 날 잡으려고 그런다." 저 같아도 이런 상황이라면 기도 하긴 할 겁니다. 그런데 누워서, "하나님 아시죠. 지금 저놈들이 저를 비디오로 찍고 있어서 제가 기도하면 저자들에게 걸리니까 하나님한테 기도 안 하는 척하고 그냥 누워서 할게요."

그런데 다니엘은 그렇게 안 합니다. 무릎 딱 꿇고 기도합니다. 그런데도 하나님께서 안 도와주셨습니다. 다니엘을 신임하는 왕조차도 다니엘을 살려주고 싶어 했지만, 다니엘을 죽이라는 사람들에게 밀려 결국 다니엘을 사자 굴에 집어넣게 됩니다. 그러면 왜 다니엘은 그걸 자초했을까요? 모함의 덫에 걸려 빨리 죽게 될 줄 알면서도 말이죠? 바로 생각을 생각해 봤기 때문입니다.

"내가 포로로 잡혀 와서 노예 생활하다 끝날 인생인데, 하나님의 은혜로 과장 됐지, 국장 됐지, 장관 됐지, 총리 후보까지 됐지. 지금까지 분에 넘치는 특혜와 은혜를 누렸는데 불평하면 안 되지. 이 정도 누린 것만도 나에게는 너무나 황송하지."

지금 저 같으면, "하나님! 제가 총리 되면 직장마다 신우회를 조직해서 더 열심히 전도할 건데 왜 이렇게 시련을 주시는 거예요?!" 이렇게 나올 건데, 다니엘은 지금까지 자신이 하나님께 받아 누린 것만도 과분하다고 감사한 것이지요.

이러니 불평할 수가 있겠습니까? 결국 사자 굴에 들어갑니다. 그런데 하나님께서는 마지막 순간까지 다니엘을 내버려 두셨지만, 가장 극적인 방법으로 사자의 입을 딱 봉하여 다니엘을 구하심으로 하나님의 전능하심을 증명하셨습니다.

한편, 왕은 밤새 괴로워서 잠들지 못하고 있다가 새벽같이 사자 굴로 달려오면서 "다니엘아 다니엘아, 네가 믿은 하나님께서 너를 사자 입에서 능히 구하셨느냐?" 슬프게 소리 질러서 물어보는데, 이때 다니엘이 대답하여 말하기를, "왕이시여! 만세수를 하옵소서. 내가 믿는 하나님께서 이렇게 나를 무죄함으로 지켜주셨습니다."

다니엘은 사자 굴 밖으로 나오고, 오히려 다니엘을 모함했던 자들을 사자 굴에 넣으니, 사자가 이들의 뼈도 안 남기고 다 먹어버렸다고 성경 말씀에 기록되어 있습니다. 우리가 이렇게 '생각을 생각'하면 이런 삶을 살 수 있어요. 그러나 생각을 안 하면, 눈에 보이는 대로, 제 감정대로 살게 됩니다. 오로지 자기 기분대로 순간순간 멍청한 짓을 합니다.

목사님 이야기를 듣고 나름대로 생각해 봤습니다. 정리하면, 다니엘은 확실히 생각을 또 생각했던 사람이었습니다. 첫 번째 생각은 '하나님의 은혜'에 대한 생각이었고 두 번째 생각은 그 은혜를 누린 자신에 대해 '자기 성찰'을 하는 모습이었습니다.. 누구든지 이 두 가지 생각이 병행되어야만 온전한 자기 자신이 될 수 있다는 생각이 들었습니다.

룻의 생각을 따라갑시다

목사님의 특별한 해석을 들을수록 성경 이야기가 점점 더 흥미진진해집니다. 이번에 또 들려주실 수 있는 인물 이야기가 있는지요?

룻이라는 인물 아시죠? 어떻게 룻이 성경 한 편의 주인공이 되는 인물까지 됐을까요? 룻의 시어머니 나오미가 과부가 됐잖아요. 그런데 자기 두 아들마저 다 죽고 자신과 두 며느리만 남았죠. 이제 희망이 없습니다. 나오미는 별생각 없이 "얘들아, 우리 고향으로 가자." 하고 셋이 함께 나오미의 고향을 향해 떠나가는데요.

그런데 떠나면서 가만히 생각해 보니까 나오미에게는 고향이지만 며느리들에게는 타국일 뿐입니다. 게다가 그 당시 풍습으로 자신에게 다른 아들이라도 있다면 며느리들에게 남편으로 주겠으나, 자신이 다른 아들을 낳을 기회도 없습니다. 그러면 이 며느리들은 평생 과부로 살아야 합니다. 나 혼자 과부로 사는 것도 서러운데 말입니다. 며느리들에게 자신이 이러면 안 되겠다는 생각이 들자, 이렇게 권합니다.

"아가들아, 각자 너희의 고향으로 돌아가서 좋은 사람 만나 새 인생 살아라."

처음에는 두 며느리가 그럴 수 없다고는 합니다. 나오미가 다시 이것이 자신의 진심이니 자기 말에 따를 것을 거듭 권합니다. 시어머니가 이렇게 진심이라고 하니, 첫째 며느리 오르바는 "그럼 어머님 건강하세요." 하고 자신의 친정으로 돌아갑니다.

하지만, 둘째 며느리인 룻은 생각하고 생각하고 또 생각했어요. '나는 돌아가서 젊은 남자를 만나서 살면 된다지만, 이 늙은 시어머니는 홀로 남은 생을 어떻게 살아가실까? 내가 좀 힘들어도 내가 이 시어머니를 모시고 사는 것밖에는 다른 도리가 없다.' 룻이 생각을 두 번 세 번 하니까 거기까지 이른 겁니다.

룻이 참 기특한 생각을 했군요.

이렇게 룻이 시어머니를 따라가서 잘 모시니까, 하나님께서 룻에게 보아스를 만나게 하시고, 이 보아스가 예수님의 조상이 됐던 거 아닙니까? 생각이 없으면 그 자리에 못 갑니다. 단순히 생각만 해도 못 가요. 생각하고 또 생각하고 결국은 행동으로 옮겨야 하는 겁니다.

제가 아까 말씀드렸던 한나 아렌트 얘기는 지금 보니, 수박 겉핥기에 불과한 얘기네요. 목사님 말씀을 통해 제가 나름대로 내린 결론인데요. 하이데거가 인간은 '존재 망각'에 빠졌다고 했는데, 목사님 말씀과 종합해 본 결과 우리 인간이 '각자의 삶에 역사하신 하나님'을 망각한 존재라는 것이 첫 번째 핵심이고요.

두 번째 핵심은 룻과 다니엘 예화를 통해서 돌아보니, 우리 삶에 하나님의 은혜에 관한 생각이 잊혔다는 것이네요. 이 세계에서 일어나는 폭력을 멈출 수 있는 유일한 방법은, 각자가 하나님에 관한 생각과 은혜에 관한 생각이 일어날 때까지 생각에 생각을 반복하는 것이다, 라고 저 또한 생각하게 된 귀한 시간입니다.

두 가지가 필요합니다. 처음에 제가 생각한 것은 동네 통장의 직분에 대한 것입니다. 동네 통장이 아주 사소한 직분인 것 같지만, 여기서 머물지 않고 한 번 더 생각하면 동장의 생각으로 커집니다. 한 번 더 생각하면 시장의 생각으로 커지고, 한 번 더 깊이 생각하면 도지사의 생각으로 커지게 됩니다. 작은 동 하나를 본 것이 아니라 도를 보게 되는 것이고, 여기서 한 번 더 생각하면 대통령 생각으로 한 국가를 보게 된다는 겁니다. 그렇게 되면 생각의 폭이 아예 달라지는 것입니다.

더욱 청결한 생각을 합시다

탁월한 통찰입니다, 목사님.

저도 요즘 그런 관점에서 눈여겨봤던 사람이 있었는데, 바로 전우원이라는 사람입니다. 전두환 손자 아시죠? 그런데 왜 제가 전두환 손자를 봤냐면요. 수많은 무고한 사람들을 학살한 죄, 그것은 자기 할아버지가 진 죄이기 때문에 손자가 거기에 대해 사과할 이유가 없다고도 볼 수 있는데, 전우원의 생각은, 자신의 가문이 지은 죄이기 때문에 결론은 자신이 지은 죄라는 겁니다. 제가 이걸 보면서 충격을 받았는데요. 바로 느헤미야가 이렇게 하지 않았습니까? 자신이 아닌 민족과 국가가 지은 죄를, 자신의 죄인 것처럼 회개한 것 말입니다.

제가 베트남에 다니면서 사죄한 적이 있습니다. 다윗 왕 때 기근이 왔습니다. 다윗이 하나님께 왜 기근을 주셨는지 묻습니다. 그런데 하나님께서, "이것은 네 죄가 아니고 사울이 기브온의 양민들을 학살한 죗값이다."라고 말씀하시죠.

다윗이 기브온 양민한테 가서, 어떻게 해주면 우리를 축복하겠느냐고 물어봅니다. 그들이 말하기를, 사울 집안 사람 일곱 명을 넘겨 달라(삼하21:6)고 합니다. 그래서 그 사람들 목을 달아 죽이고, 그제야 비로소 비가 옵니다.

그때 제게 퍼뜩 떠오른 일이 있었어요. 제가 군대에 있을 때 월남전이 막바지였습니다. 저는 베트남 전쟁에는 참전하지 않았지만, 당시 우리나라 군인들이 베트남 참전을 많이 했습니다. 그때 베트남 양민들을 많이 학살했지요. 사울이 기브온 양민들을 죽인 것처럼 그 죄에 대한 값을 지금 시대의 우리가 받게 되겠다, 라는 생각이 들었습니다.

그래서 제가 베트남에 사죄하고자 여러 번 갔습니다. 내 친구들이 한 행동을 용서해 달라고 빌었습니다. 저라도 회개해야 우리 민족이 받아야 할 벌을 막을 수 있지 않겠나 싶어서 베트남으로 가서 그들에게 사과하고 주님 앞에 회개한 것입니다.

"네가 네 형제 야곱에게 행한 포학으로 말미암아 부끄러움을 당하고 영원히 멸절되리라 네가 멀리 섰던 날 곧 이방인이 그의 재물을 빼앗아 가며 외국인이 그의 성문에 들어가서 예루살렘을 얻기 위하여 제비 뽑던 날에 너도 그들 중 한 사람 같았느니라 네가 형제의 날 곧 그 재앙의 날에 방관할 것이 아니며 유다 자손이 패망하는 날에 기뻐할 것이 아니며 그 고난의 날에 네가 입을 크게 벌릴 것이 아니며"(옵 1:10~12)

북한에서 1990년대 중반에 발생했던 대기근인 '고난의 행군' 시절에, 비공식적으로는 100여만 명까지도 굶어 죽었다는 말을 들었습니다. 이때부터는 교인들과 함께 매월 1일은 금식하면서 대신 그만큼의 식사비용을 옥

수수 국수, 우윳가루 등 모든 방법으로 굶주린 북녘 어린이들을 도우려고 노력하고 있습니다. "너희는 먹을 것을 귀히 여기지 않고, 넘치게 먹고도 음식 쓰레기도 산더미처럼 쌓아가면서, 굶주려 죽어가는 북녘의 어린이들을 외면한 그 벌을 어떻게 받으려느냐."라고 말씀하실, 하나님의 책망이 두렵기 때문입니다.

그러니까 생각이 커져야 합니다. 그런데 생각이 무조건 커진다고 될까요? 예를 들어, 지하 30m에서 퍼 올린 물이 당장 식수가 될 수 있을까요? 농업용수나 공업용수밖에 안 됩니다. 그러나 지하 100m나 200m 정도 되는 암반수라면 당장 먹을 수 있어요.

요즘은 집마다 정수기가 있잖아요. 정수기에 물을 왜 붓나요? 정수기의 필터가 중금속 등 나쁜 물질을 걸러줘서 좋은 물이 되잖아요. 지금 내 생각이 다 좋은 생각, 깨끗한 생각이 아닙니다. 잡다한 생각이 많습니다. 그러면 '필터'로 그걸 걸러내야 합니다. 100m 깊이든 200m 깊이든 걸러지면서 내려가야 암반수가 됩니다. 시편 1편 1~2절 말씀 있지요?

"복 있는 사람은 악인들의 꾀를 따르지 아니하며 죄인들의 길에 서지 아니하며 오만한 자들의 자리에 앉지 아니하고, 오직 여호와의 말씀을 즐거워하여 그의 율법을 주야로 묵상하는도다."

바로 '하나님 말씀의 필터'로 내 생각을 걸러내는 겁니다. 내 생각 속의 불순물들이 주님의 말씀으로 걸러지고 걸러지면, 주님의 뜻, 공의와 정의 이런 생각까지로 걸러지는 거죠. 우리 인간들의 생각은 모두 잡다해요. 말씀의 필터로 걸러야만 해요.

마태복음 5장 8절 말씀이군요.
"마음이 청결한 자는 복이 있나니, 그들이 하나님을 볼 것임이요."

네, 맞아요. 우리의 마음과 생각이 청결해져야만 하나님을 볼 수 있는데, 만일 그렇지 못하면, "저 사람은 잔꾀를 부리는 사람이다. 좋은 머리를 왜 저렇게 쓰지?"라는 말을 듣습니다.

우리 주위에 이런 사람도 많잖아요. 생각이 안 걸러지니까 그렇습니다. 인간의 생각을 하나님 말씀의 필터에 거르면 됩니다. 그런데 오늘 우리가 그걸 안 하고 있습니다. 옳고 그름을 따지지 않습니다. 나에게 이익만 된다고 하면 불나방처럼 불빛에 뛰어들지 않습니까?

하나님 말씀의 필터로 걸러지지 않는 인간의 생각은, 결국에는 자기 생각의 늪에 빠지고 마는 꼴이 되는 거군요.

꿈 너머 꿈을 꿉시다

다시 말하지만, 생각이 없는 사람은 꿈이 없어요. 꿈이 없는 대신 욕심, 교만, 기분, 감정, 이런 것들이 그 사람을 지배합니다. 그런데 생각하면 꿈이 생깁니다. 꿈이 있는 사람은 이성적으로 옳고 그름에 기준을 두고 살게 됩니다. 근데 여기서 또 생각하면 뭐가 나올까요? "꿈 너머 꿈"이 나와요.

예를 들어 "당신 꿈이 뭐요?" 하면, "내 꿈은 백만장자가 되는 것이오." "백만장자 되어서 무엇을 하려오?" "해외여행도 하고 맛집을 순례하며, 명품도 사고 요트 타고 다니면서 인생을 즐겨야죠." 꿈만 있으면 그렇게 됩니다. 그런데 꿈 너머 꿈이 있는 사람은, "내가 백만장자가 되면 내가 어렸을 때 학비를 못 내서 고생한 것을 다른 아이들은 겪지 않도록, 어려운 학생 100명에게 장학금을 줘야 되겠다."와 같이, 꿈을 이루어서 그다음에는 어떤 선한 일을 하겠다는 계획까지 갖게 되는데요.

이런 것이 바로 '꿈 너머 꿈'입니다. 대부분 사람에게는 보통의 꿈 밖에는 없습니다. 그러나 예수님께서 이미 우리에게 '꿈 너머 꿈'을 주셨습니다. 마태복음 25장 31~46절 말씀 있지요.

인자가 자기 영광으로 모든 천사와 함께 올 때에 자기 영광의 보좌에 앉으리니 모든 민족을 그 앞에 모으고 각각 구분하기를 목자가 양과 염소를 구분하는 것 같이 하여 양은 그 오른편에 염소는 왼편에 두리라. 그 때에 임금이 그 오른편에 있는 자들에게 이르시되 내 아버지께 복 받을 자들이여 나아와 창세로부터 너희를 위하여 예비된 나라를 상속받으라. 내가 주릴 때 너희가 먹을 것을 주었고 목마를 때 마시게 하였고 나그네 되었을 때 영접하였고 헐벗었을 때 옷을 입혔고 병들었을 때 돌보았고 옥에 갇혔을 때 와서 보았느니라. 이에 의인들이 대답하여 이르되 주여 우리가 어느 때에 주께서 주리신 것을 보고 음식을 대접하였으며 목마르신 것을 보고 마시게 하였나이까. 어느 때에 나그네 되신 것을 보고 영접하였으며 헐벗으신 것을 보고 옷 입혔나이까? 어느 때에 병드신 것이나 옥에 갇히신 것을 보고 가서 뵈었나이까 하리니 임금이 대답하여 이르시되 내가 진실로 너희에게 이르노니 너희가 여기 내 형제 중에 지극히 작은 자 하나에게 한 것이 곧 내게 한 것이니라 하시고 또 왼편에 있는 자들에게 이르시되 저주를 받은 자들아 나를 떠나 마귀와 그 사자들을 위하여 예비된 영원한 불에 들어가라. 내가 주릴 때에 너희가 먹을 것을 주지 아니하였고 목마를 때에 마시게 하지 아니하였고 나그네 되었을 때에 영접하지 아니하였고 헐벗었을 때에 옷 입히지 아니하였고 병들었을 때와 옥에 갇혔을 때에 돌보지 아니하였느니라 하시니 그들도 대답하여 이르되 주여 우리가 어느 때에 주께서 주리신 것이나 목마르신 것이나 나그네 되신 것이나 헐벗으신 것이나 병드신 것이나 옥에 갇히신 것을 보고 공양하지 아니하더이까? 이에 임금이 대답하여 이르시되 내가 진실로 너희에게 이르노니 이 지극히 작은 자 하나에게 하지 아니한 것이 곧 내게 하지 아니한 것이니라 하시리니 그들은 영벌에, 의인들은 영생에 들어가리라 하시니라.

굶주린 자, 목마른 자, 나그네 된 자, 헐벗은 자, 병든 자, 감옥에 갇힌 자들을 부지런히 도우라고 우리에게 말씀하십니다. 하나님께서 내게 재능이

나 재물을 얼마를 주시든 내가 쓸 것만 쓰고 이웃에게 주님의 사랑을 실천하는 것이 바로 '꿈 너머 꿈'이 되어야 하는 겁니다.

그런데 요즘 교회에서 '꿈 너머 꿈'을 안 가르치니 순복음 교회가 오늘날 실패하게 된 것입니다. 과거 우리나라가 가난할 때, 교회가 사람들에게 희망의 복음을 전하고, 신유의 은사로 그들에게 건강을 회복시켜 줬습니다. 그러나 "어떻게 살아라."에 대해서는 안 가르친 겁니다. 그러니 사람들이 성공한 후에는 명품, 고급 아파트, 고급 승용차들로 사치하면서 골프 치러 다니는 등 오직 자기 삶만 누리고 즐기는 것에만 빠지고, 썩어질 이 땅에다 보물을 쌓느라고 다 써 버렸지, 그 물질을 이웃 사랑의 도구로 쓰질 않았어요. 그 생각이 안 걸러졌던 것입니다. 꿈 너머 꿈을 가지면 공의롭고 정의로운 이타적인 삶을 살게 되는데 말입니다.

> "믿음과 착한 양심을 가지라 어떤 이들은 이 양심을 버렸고 그 믿음에 관하여는 파선하였느니라"(딤전 1:19)

얼마나 우리가 생각을 하지 않고 사는지에 대해 얘기하려니, 배 모 교수 이야기가 떠오릅니다. 이분이 하버드 대학으로 유학하러 갔습니다. 하버드 대학교 기숙사에서 학생 네 명 앞으로 화장실 없는 방을 하나씩 배정해 주면서, 화장실 하나를 공동으로 함께 사용하면서 서로 교대로 관리하라고 했던 모양입니다. 근데 그 네 명 학생이라는 사람들이, 한국 사람, 아프리카계 미국인, 그리고 라마 불교 신자인 동아시아 사람, 마지막으로 백인 무신론자로 구성되었다고 합니다. 그런데 그중 흑인 목사님은 화장실을 다녀오기만 하면 체취가 화장실에 잔뜩 밴 데다, 화장실을 온통 쓰레기통으로 만들어버렸다고 해요. 다음 사람이 들어가면 너무 냄새나고 더러워서 사용할 수 없을 정도가 되었다는 겁니다. 그런데 한국 사람은 또 얼마나 영리해요? 이분은 상황 파악을 딱 한 다음에, '나 이 화장실 안 써. 나는 저 체육관에 붙은 화장실 쓸 거니까 너희들끼리 이제 알아서 해라.'하고는 빠져나가 버렸다고 합니다. 근데 몇 달 후에 한국 유학생이 밤에 잠을 자다가 갑자기 소변이 마렵단 말이죠. 지금 너무 급한데, 이 밤에 누가 본다고 저 멀리 체육관 화장실까지 굳이 갈 거 뭐 있어, 이 화장실 한 번 쓰자, 하고 문제의 화장실에 갔더랍니다. 세상에나, 이 화장실이 너무나 깨끗한 겁니다. "와, 이게 어쩐 일이냐?!" 그리고 얼마 후에 네 사람이 한자리에 모이게 되었답니다. 백인 무신론자가 흑인 목사를 가리키면서 하는 말이 이랬답니다.

"네가 믿는 신을 믿으면 쓰레기통이 돼."

"그리고 배! 네가 믿는 신은 가짜야."

"그런데, 라마 불교 믿는 네가 믿는 신은 진짜다. 내가 신을 믿게 되면, 너의 신을 믿을게."라고 말했다고 합니다.

상황은 이랬습니다. 흑인은 여전히 화장실을 쓰레기통으로 만들어 놓습니다. 라마 불교 신자는 그 화장실에 들어가서 30여 분 동안 청소를 깨끗이 하고 향도 피워놓고 향수도 뿌려놓지요. 한국 유학생이 이 사람에게 물어봤대요.

"흑인 목사가 잔뜩 더럽게 어질러 놓은 그런 화장실을, 왜 당신이 나서서 청소하느냐?"

그 사람 대답입니다.

"그저 내가 좋아서, 그냥 좋아서 했다."

이 얘기로 끝이 났어요. 자기 유학 생활 이야기의 전부인 겁니다. 그런데 제가 그걸 생각해 봤습니다. 하버드 대학교에 들어갈 정도면 공부를 잘하고 똑똑해야 해요. 또 목사가 될 정도로 믿음도 좋아야 합니다. 흑인 목사님은 공부 잘하고 목사 될 정도로 믿음도 좋은 분이었습니다. 그런데 생각이 없는 분이었어요. 내가 이렇게 하면 다른 사람이 얼마나 불편할까? 이런 문제에는 전혀 관심이 없었던 겁니다. 생각이 없으니까 그냥 자기가 편한 대로만 살아버리는 거예요.

그런데 한국 사람도 생각하긴 했어요. 저러면 안 돼. 그러면 나는 도망가 버려야겠다. 영리하니까 한국식으로 도망가 버렸죠. 그런데 라마 불교 신자는 '생각을 생각'한 겁니다. 이왕에 같이 있게 됐는데, 내가 아예 도맡아서 청소하겠단 마음을 먹으면 되지. 이렇게 생각하니까 화장실을 천국으로 만들어 놓은 겁니다. 다 하버드 대학생이에요. 다 똑똑한 사람들입니다. 그런데 각자의 삶과 반응은 다 달라요. 생각 없이 사는 사람과 생각하면서 사는 사람. 또 더 나아가서 '생각을 생각'하는 사람.

오늘날 그리스도인들은 불행하게도 아예 생각 없이 살거나, 혹은 선한 행동 없이 그저 생각만 하여 약삭빠르게 잔머리 굴리고 삽니다. 우리가 생각을 깊이 하면 예수의 가르침을 따를 수 있습니다. 예수님의 그 가르침에 순종하기만 하면, 이 세상을 하늘나라로 만들 수가 있어요. 그런데 전부 생각만으로 끝나는 겁니다. 그러면 생각을 생각했던 그 라마 불교 신자는, 막 울화가 치민 채, 구시렁거리면서 화장실 청소를 했을까요?

아닙니다.

"내가 이렇게 한다는 것, 그냥 내 생각을 바꾸니까 이것도 행복해. 내가 너희들한테 봉사하는 거야. 내 덕에 너희들도 천국에 사는 거야."

이런 식으로 내 생각을 바꾸고, 생각을 다시 한번 하면 모든 상황을 바꿀 수 있는데 생각이 없으니까 변하지 않는 것입니다.

사람이 생각한다는 것이 얼마나 중요한지 다시 한번 깊은 깨달음을 주는 이야기이군요, 목사님.

몸이 자동 반응하게 합시다

어떤 상황이 발생했을 때, 당사자가 상황 판단을 하고 마지막 행동으로 옮기는 데까지 얼마나 시간이 걸릴 것 같습니까?

글쎄요?

딱 2초입니다. 어떤 자극이 갑자기 왔잖아요? 그런데 그 자극에 대한 반응이 나오는 데 보통 2초가 걸린다고 합니다. 그 다음 자극과 반응 사이에 뭐가 있어요? 바로 공간이 있습니다. 그 공간이라는 것이 생각이고, 바로 마음입니다. 이게 평소에는 표시가 안 나는데, 자극과 반응 사이의 그 공간. 거기에 뭐가 들었느냐에 따라 행동이 달라지는 거죠.

예를 들어 누가 이 목사님 뒤통수를 갑자기 '탁' 쳤어요. 그럼, 이 목사님 같으면 어떻게 나올 거 같아요?

"뭐야?" 그러겠죠?

그 자극과 반응 사이의 생각 공간 안에 말입니다. 일반 사람들 같으면 어떨까요? "어떤 xx가 나를 쳐?" 이런 반응이 나오겠죠? 근데 그 공간 안에 진짜 좋은 게 있으면, 여유롭게 웃으면서 "심심하세요?" 이런 반응이 나오겠죠.

아, 웃으면서 심심하냐고 물을 수 있다니요. 하하하.

그러니까 이 생각이라는 게, 마음이라는 게, 그렇게 깊어지고 커져서 이 공간 안에 들어 있으면 그것이 결국 그 사람의 성품이 되고 성격이 되고 인격이 되어서 어떤 자극에도 항상 좋은 반응을 일으키게 되는 거죠.

네, 맞습니다.

평소에는 괜찮은 분인데, 어떤 상황이 발생하면 아주 예상치 못한 반응이 나온단 말이에요. 그럼, 평소의 괜찮다는 것이 다 가짜인 겁니다. 위선이죠. 그러니까 평소의 생각이 이렇게도 중요한 거예요. 다윗이 회개할 때 뭐라 그랬죠? 시편 51편 10절 말씀이죠. "하나님! 제 속에 정한 마음을 창조하시고 제 안에 정직한 영으로 새롭게 해 주십시오. 씻어서도 안 됩니다. 아예 새 마음으로 저를 좀 바꾸어 주십시오." 같은 내용이 에스겔서에도 나오지 않습니까?

"또 새 영을 너희 속에 두고 새 마음을 너희에게 주되 너희 육신에서 굳은 마음을 제거하고 부드러운 마음을 줄 것이며."

네 맞습니다. 에스겔서 36장 26절 말씀이네요.

그런데 이것이 하루아침에 달라질까요? 한 번 설교를 들었다거나, 혹은 대화를 나누었다고, 책을 읽었다고 해서 변하는 것은 아닙니다. 에스더가 왕후가 되기 전에 왕을 만나려고 얼마 동안 몸을 가꿨는지 아십니까? 1년이었어요. 6개월 동안 몰약 기름, 다음 6개월 동안 향품과 다른 화장품.

네. 맞습니다. 에스더 2장 12절에 나옵니다. 성경에서 말씀 읽을 때 별생각이 없었는데, 정말 굉장한 시간을 들인 거네요.

이런 노력을 해야 우리의 생각이 주님이 원하는 그런 생각다운 생각으로 변화되는 거예요. 축구선수 손흥민은 왼발 오른발 다 쓰거든요. 원래는 오른발잡이랍니다. 손흥민의 부친은 손흥민 선수가 양쪽 발을 다 능숙하게 사용할 수 있게 하려고 양말 신을 때도 왼발 먼저, 운동화 신을 때도 왼발 먼저, 운동화 끈 묶을 때도 왼발 먼저 하는 연습을 시켰습니다. 심지어 운동장에 들어갈 때도 왼발 먼저 내디뎠습니다.

그리고 하루에 천 번씩 슈팅 연습을 시키는데, 오른발로 슛 500번, 왼발 숏 500번 합해서 천 번. 이걸 시킨 겁니다. 그러니까 머리가 기억하는 것이 아니라 근육이 기억하는 수준까지 훈련하여 왼발 오른발을 똑같이 쓰죠. 지난해 경기에서도 스물 몇 골을 넣고 득점왕이 되었잖아요? 공을 차야 하는 찰나의 순간에 생각이 아니라 몸이 먼저 반응하도록 훈련했던 겁니다.

손흥민 선수가 훈련했던 것처럼, 크리스천 역시 믿음의 행동이 자동 반응으로 나올 수 있도록 맹훈련해야겠습니다.

성령님을 조련사로 모셔야 합니다

많은 사람이 그래요. 예수님 믿어도 타고난 성격은 안 바뀐다. 그런 말 들으셨죠? 돌고래 쇼합니까, 안 합니까?

합니다.

코끼리 쇼해요, 안 해요?

하지요.

심지어는 사자, 호랑이도 쇼하거든요. 한 번은 제가 몽골에 갔을 때, 몽골인들이 늑대 사냥하는 이야기를 들었습니다. 매를 이용해서 늑대를 잡는데, 매가 늑대를 공격하게 하여 늑대가 매를 물려고 입을 벌리는 순간, 매가 늑대의 혀를 꽉 물어 꼼짝 못 하게 만들면 사람들이 그때 나타나서 늑대를 잡는다고 합니다.

그 무지한 짐승도 조련사가 반복하고 또 반복하면서 훈련하면 쇼도 하고 사냥도 할 수 있을 정도가 됩니다. 그렇죠? 나는 아무리 무지하다 하더라도, 하나님이라는 조련사, 성령이라는 조련사는 세계에서 제일 위대한 분 아닙니까? 나를 창조하시고 생명을 주신 분에게 나 자신을 온전히 맡기고, 순종하면 되는 겁니다. 그런데 우리는 예수님을 믿어도 성격은 안 바뀐다면서, 스스로 속고 남도 속이고, 그러면서 사는 겁니다. 굳이 비교하자면, 악기의 모양이 중요한 게 아니라 악기에서 나오는 소리가 중요하잖아요? 사람도 겉모습이 중요한 게 아니라 그 사람에게서 나오는 생각이 중요하다는 거죠. 그러나 이것이 절대로 하루아침에 이루어지는 게 아닙니다.

"육체의 연단은 약간의 유익이 있으나 경건은 범사에 유익하니 금생과 내생에 약속이 있느니라"(딤전 4:8)

제가 볼 때, 생각을 제대로 하는 목사님이 요즘 한 분 계시더라고요. 수도권에 있는 한 교회 목사님인데요. 교회가 엄청나게 성장하자 목사님이 생각하였습니다.

"요즘 다른 교회는 다 교인들이 줄어들고 있는데 우리 교회는 오히려 쏠림 현상이 일어나고 있네. 하나님 은혜이시긴 하지만, 대형교회로서 모범을 좀 보여야 할 텐데, 어떻게 해야 하나님이 기뻐하실까? 한곳으로 몰린 성도들도 좀 나눠야 하겠다."

그래서 일만 성도 파송 운동 계획을 세워 선포했습니다. 그 후, 파송을 어떻게 하는 것이 효과적일지를, 이 목사님은 다시 생각했습니다.

"성도들을 나눠서 각 교회를 세워 보내되 효율적으로 하기 위해 지역별로 30 교회로 나누자."

생각하고 또 생각합니다.

"그러면 담임 목사는 어떻게 해야 하지? 30명 담임 목사가 필요한데..., 우리 교회 부목사끼리 내부에서 투표해서 15명을 직접 정하도록 해야겠다. 다른 15분은 외부에서 목사님들을 모셔 오기로 하자. 그런데 현재 다른 교회에서 담임을 맡고 있는 목사님이 우리 교회로 오면 그 교회 교인이 시험에 들 수 있으니, 부목사님들만 청빙하는 것으로 하자."

여기서 더 나아가 또 생각합니다.

"청빙할 부목사님들도 자신이 자원하는 것은 좋은 방법이 아닌 것 같다. 부목사님들과 몇 년이고 같이 신앙생활 하면서 그분의 신앙관과 가치관 등 인격과 성품을 겪어 본 사람들이 그 부목사를 추천하도록 하여, 이렇게 추천받은 부목사들로 결정하자." 하고 기준을 세운 겁니다.

그래서 추천받은 부목사님에게 "당신이 추천받았으니, 서류를 내시오." 하는 식으로 결국 30개 교회를 지역별로 나누고 독립시켰습니다.

한 번으로 끝난 생각이 아니지요? 생각하고 또 생각하니까 그토록 지혜롭고 은혜롭게 만드셨더라고요. 아무리 선한 일이라도 깊이 생각하지 않으면 이렇게 은혜롭게 이루어지지 않습니다.

제가 담임 목회를 할 때는 이 목사님처럼 깊이 생각하지 않고 선한 뜻만 앞세워 네 개의 교회를 분가시켰는데, 열매는 거의 없었습니다. 생각하면 할수록 더 아름답고 덕을 세우며, 주님께서 진정 원하시는 모습으로 되어져 가는 거더라고요.

얼마 전에 제가 책을 한 권 읽었습니다.《우리는 일하는 목회자입니다》라는 책이었습니다. 일하면서 목회하시는 목사님들이 일터에서 당하는 억울함과 부당함을 토로한 책이었더라고요. 목사인 줄 알면서도 일터에서는 함부로 대하니 너무 서러움을 느끼셨을 만도 합니다. 그러나 한편으로는 답답한 마음이 들었습니다. 교회가 부흥이 안 되어 먹고 사는 형편이 어렵기 때문에 세상에 나가 일을 해야만 한다며 억울해하기만 한다는 느낌을 받았기 때문입니다.

저 같으면 환경을 탓하기보다 제 생각을 바꾸었을 것 같았거든요. 교인들이 안 오면, 기다리는 목회가 아닌, 내 발로 찾아가는 목회를 하겠다. 택배 배달원이든 공장 노동자든, 무슨 방법이라도 마련하여 사람을 찾아가는 목회. 그 일터 현장에서 내가 목사답게 삶으로 예수님을 증명하면서 산다면 전도가 되지 않을까요? 그러면 생계도 꾸려 나가고, 전도도 하게 됩니다.

지금까지 좋은 말씀 감사드립니다. 마지막으로 한 말씀 더 부탁드리겠습니다, 목사님.

결론은, 지금 우리가 "생각을 안 하는 게 문제다"라는 것입니다. 생각하고 또 생각해서 어떤 상황에 대해서라도 내가 미리 준비해 놓으면, 나에게 어떤 자극이 갑자기 오더라도 좋은 반응을 일으킬 수 있고요.

"우리가 알거니와 하나님을 사랑하는 자 곧 그의 뜻대로 부르심을 입은 자들에게는 모든 것이 합력하여 선을 이루느니라."(롬 8:28)

성경이 말한 대로, 우리가 그런 은혜를 날마다 경험할 수가 있는 거죠. 생각하고 삽시다, 우리.

네, 명심하겠습니다. 감사드립니다, 목사님.

은혜로 생각에 행동을 더합시다

생각 너머의 생각을 하는 것. 이것이 가장 중요합니다. 생각하느냐 하지 않느냐에 따라 은혜를 깨닫기도 하고 무지한 행위를 하기도 하지요. 참 안타깝습니다.

저도 지금 아나뱁티스트의 예화가 하나 떠올랐습니다. 목사님께서도 아시는지 모르겠지만, 저는 침례교단 소속이다 보니 아나뱁티스트 이야기를 접하게 되었습니다. 아나뱁티스트 설립자분이 핍박받고 옥에 갇혔다 합니다. 그러다 풀려날 기회가 와서 도망을 쳤대요. 그랬더니 교도관이 잡으러 온 거죠. 잡으러 오는데 거기 늪지대가 있었나 봐요. 아나뱁티스트 교도는 이 늪지를 겨우 통과했는데 쫓아오던 교도관이 늪에 빠진 겁니다. "살려 주세요, 살려 주세요!"라고 하는데, 도망을 갈 것이냐, 구하러 갈 것이냐의 고민에서 단 한 번의 고민도 하지 않았다고 합니다. 원수가 지금 늪에 빠져 죽어가니까요. 바로 돌아와서 교도관을 구했답니다. 그 순간 손목에 수갑은 채워져 다시 감옥으로 돌아가게 되었고, 결국 사형에 처했다고 합니다. 하지만 교도의 행동에 감동한 그 교도관이 예수님을 믿게 되었고, 그분은 죽었지만, 교도관을 통해 복음이 많이 전파되었다는 이야기입니다.

제가 아나뱁티스트 책에서 읽은 내용을 기반으로 더 정확하게 말씀드리자면, 그 주인공이 아직 감옥으로 이송되지 않았고 우리 식으로 하면 파출소 유치장에서 탈출하여 촌장과 교도관의 추격을 받는 상황이었어요. 그때가 초겨울이라 호수가 약간 얼어 있었어요. 도망자는 무사히 호수 위를 건너갔는데, 교도관이 호수를 건널 때 하필 얼음이 깨졌습니다. 교도관이 물에 빠진 채 살려 달라고 외치자 되돌아가 교도관을 구해 줬는데, 결국은 자기가 구해준 교도관에게 체포되어 화형을 당해 죽었습니다. 이 책을 읽고, 저는 이렇게 적용을 해 봤습니다.

예수님께서 '네 믿음대로 될지어다.'라고 말씀하셨잖아요. 저 같으면 도망갔습니다. 그리고 살아 나가서 간증합니다. "하나님께서 이렇게 나를 사랑하셔서, 나를 잡으려고 쫓아온 놈은 물에 빠뜨려 죽이고 나를 이렇게 살려주셨습니다."라고 말입니다. 그러면 제 간증을 들은 성도들은 "할렐루야!"하면서 하나님은 역시 살아계신다고 감사하며 찬송을 힘 있게 부르고, 이것은 계속해서 간증 거리가 되었을 것입니다. 그것도 저의 믿음이지요.

그런데, 물에 빠져 죽어가는 교도관을 살려주고 자기는 다시 잡혀서 죽은 것 또한 그분의 믿음이에요. 그런데 그 여운을 한 번 따져볼까요? 전자의 믿음은 길게 가야 몇 년 후에 간증거리로서 생명이 다합니다. 그런데 후자의 믿음은 몇백 년이 지난 지금까지도 계속 그 여운이 남죠. 제가 하나님께 정말 감사한 것이 뭐냐 하면, '네 믿음대로 된다.'라는 거잖아요. 그러니까 우리의 생각이 깊어지고 또 깊어지면, 하나님께서 진정으로 기뻐하실 만한 그곳까지 이를 수 있다는 겁니다.

목사님 말씀이 맞습니다. 예전에 어느 시장 자살 사건이 있었습니다. 시장이 어느 날 차를 타고 한강대교를 건너가는 중인데, 갑자기 토할 것 같다고 하면서 기사에게 차를 세워달라고 하길래 기사는 얼른 세워 줬다고 합니다. 그런데 갑자기 시장이 강물에 뛰어들어 버린 겁니다. 그 운전기사가 젊은 청년이었는데 그 광경을 보고는 어찌할 바를 모르더랍니다. 그러더니 시장을 구하겠다며 강물에 뛰어 들어갔다고 합니다. 결국에는, 두 사람 다 죽었습니다. 그 차 뒤에서 차를 몰던 어떤 사람이 이 사건을 목격하고 증언한 내용이에요.

그런데, 제가 이 사건으로 인해 고민을 많이 했습니다. 만일 제가 그 운전기사였다면, 시장으로 구하러 갈 수 있었을까 하는 고민이었습니다. 사실

그 운전기사가 직접 구하러 강물에 들어가지 않고, 그냥 119 구급대에 신고만 했더라도 아무도 그를 비난할 수 없다는 생각이 듭니다. 그렇기에 더욱, 그 젊은 청년이 직접 남의 생명을 구하겠다고 강물에 뛰어 들어간 그 용기는 정말로 대단한 용기이며, 아무라도 할 수 없는 귀한 행동이라는 생각이 들었습니다.

믿는 자가 윤리적인 문제를 넘어서는 지점까지 행동할 수 있도록 하는 그 생각, 일반적인 사람들이 생각하는 그 지점보다 더 너머의 생각을 하도록 안내하는 그 생각.

이러한 생각의 지점까지 누가 이끄느냐, 라고 말한다면, 예수 그리스도께서 우리를 위해 나를 위해 무슨 일을 하셨는가를 생각할 때, 오직 이때만 믿는 자가 더욱 그 너머까지도 생각할 수 있다고 여겨집니다.

네, 맞습니다. 성령님께서 이끄시는 거죠. 하나님과 나 사이가 좋으면 성령님은 항상 우리에게 감동을 줍니다. 그런데 성령님이 호통을 치거나 큰소리로 말씀하지 않고 아주 작은 소리로 우리 영혼에 말씀하십니다. 그러니 평소에 하나님을 사랑하고 사모하고, 존중하지 않은 사람은 그분의 음성을 들을 수가 없으니 이 음성을 자연히 외면하게 됩니다. 늘 깨어서 겸손히 그분과 동행하려고 노력해야 우리가 성령께서 이끄시는 대로 따라가게 됩니다. 그러나, 하나님과의 사이가 나쁘면 성령님께서 감동을 주시는 그 음성을 들을 수가 없습니다. 그러다 보니, 엉뚱한 길로 가게 되는 겁니다.

여기서, 다시 그 아나뱁티스트 대표의 이야기로 돌아가자면, 이 사람은 생각을 생각해서 걸러놓은 후라, 그 마음과 생각 속에 진짜가 있었고, 결국 생명을 살리는 반응으로 나온 겁니다. 그런데 저는 한 번의 생각으로 그쳤기 때문에 마음과 생각에 가짜가 남아 있고, 결국 나는 살고 원수는 죽도록 놔뒀으면서, 하나님께서 역사했다고 간증하고 다닌다는 겁니다.

네, 감사드립니다, 목사님. 목사님 권면을 주님께서 저에게 들려주시는 음성이라고 생각하고 명심하겠습니다. 누구라도 쉽게 이해할 수 있을 만한 흥미로운 예화를 통해 많이 말씀해 주시니까 정말 생생하게 와 닿습니다.

이제는 이것이 제가 하나님께 할 마지막 도리라고 생각합니다. 목사로서 오랜 기간 목회하는 동안 저의 실수와 시행착오, 그리고 깨달음을 후배 목사님들에게 알려주어 저와 같이 허물투성이의 목회를 하지 않도록 조언해 주는 것이, 제가 하나님께 받은 은혜에 보답하는 길이겠다고 생각하는 겁니다. 하나님 앞에 제가 할 도리를 다하고 가야 주님 앞에서 체면이 서지, "너는 그렇게 누리고만 왔느냐." 주님께서 이렇게 저를 책망하시면 안 되잖아요.

저도 이창우 목사님이 공부하는 키르케고르를 좋아하는데요, 당시 덴마크는 기독교가 국교였기 때문에 기독교인의 숫자가 99점 몇 퍼센트 정도를 차지했던 때였음에도 불구하고, 교회를 끊임없이 일깨우려고 애썼던 것 때문입니다. 그런데 지금의 덴마크는 교회가 거의 없어져 버린 상황이잖습니까. 저가 덴마크에 가서 느낀 점은, 이 나라는 지금 교회는 없지만 하나님의 법이 여전히 통치하고 있구나, 하는 생각이었는데요.

우리나라는 오늘날 교회는 많은데도 하나님의 법이 다스리지 못하고 있다는 생각이 들었습니다.

네, 맞습니다, 목사님. 기독교가 국가의 종교가 되고 기독교가 승리했다고 선포했을 때, 이 나라에 크리스천이 없다고 유일하게 비판했던 사람이었습니다. 모든 사람이 자칭 기독교인이라고 할 때 진정한 기독교인은 없다고 말할 정도로, 진정한 기독교가 무엇인지에 대해 정말 깊은 고민을 했던 사람이 키르케고르입니다. 다만, 서구 사회는 오랜 기독교의 역사로 인해, 사회 전반에 걸쳐 기독교가 사상과 생활과 문화 가운데 깊이 뿌리내리고 있지만, 우리나라는 단시간에 기독교가 부흥했다가 지금은 많은 사람들이 기독교에 실망하고 실족한 상황이다 보니, 대한민국이라는 사회 전체에 깊이 뿌리내려 영향을 줄 만큼의 깊이로는 이르지 못한 상태라는 생각이 들어서 정말 안타깝습니다.

이명곤 교수가 《키르케고르 읽기》란 책을 썼더라고요. 저도 그 책을 읽었는데, 저는 키르케고르 형제들 전체가 다 그 집 하녀가 낳은 아이들인 줄 알았어요. 그런데 알고 봤더니, 키르케고르와는 배가 다른 형제들이었더군요. 그래서 자라는 동안 설움도 많이 받고 아픔이 컸더라고요.

키르케고르도 자신의 출생에 대해 나중에 알게 된 것으로 저도 알고 있습니다. 그래서 자신의 가정이 하나님의 저주를 받은 거로 생각하게 됩니다. 초원에서 양을 기를 때 자신의 아버지가 하나님을 저주했기 때문에 그 대가를 치른다고 생각했답니다. 어릴 때부터 자신이 건강이 안 좋았기 때문에 예수님 나이가 되기 전에 일찍 죽을 거로 생각하고 살아왔는데, 그 나이를 넘어서면서까지 더 살게 되면서 인생에 대해 정말 많은 생각을 하게 됐다고 하지요.

《이것이냐 저것이냐》에 대한 해설서를 읽어보니까 기독교인 관점에서 이해를 잘할 수 있도록 쉽게 잘 써 놓았더라고요.

네, 그렇게 생각하셨군요. 제가 목사님께 여쭙고 싶은 것이 갑자기 하나 생겼습니다. 목사님께서 목회하셨던 교회의 부목사님들이나 성도님들에게 목사님께서 요구하셨던 지점이 너무 높은 수준의 기준이란 의견에 대해서는 혹시 어떤 생각을 하고 계실까요?

　그렇게 생각할 수도 있겠습니다. 그렇지만 주님께서 말씀해 주신 기도문 가운데, 하늘에서 이루어진 것처럼 땅에서도 이루어지리라고 말씀하시지 않았습니까? 주님의 뜻은 이 땅에서 하늘나라가 회복되는 겁니다. 그런데 이곳에서 하늘나라가 아직 회복이 안 됐으니까, 우리는 천국 독립군의 정체성을 가지고, 독립운동을 하는 것에 목표를 두고 다들 발을 맞춰가야 하겠지요? 그런데 우리가 독립운동하기는커녕, 이곳을, 예를 들면 교회를 유람선으로 만들어 놓고, 복 많이 받기 시합을 하듯 복 타령하면서 교회 안에서만 서로 사랑하고 교제하지만, 교회 밖의 어려운 이웃과 공의와 정의를 외면하고 사는 것이 현재 우리들의 모습이 아닐까요? 요즘 이른바 성공한 교회에서는 공의와 정의를 추구하라거나, 혹은 좁은 길을 가라, 또 회개하라는 설교는 들어보기가 어렵게 되어 가고 있습니다.

　이 시대 교회와 성도를 향한 좋은 말씀 정말 감사드립니다, 목사님.

제 4 장

하나님은 자판기가 아닙니다

하나님은 무당이 아닙니다

어느 날, 서울 계신 집사님 한 분이 저한테 전화하셨습니다. 그 가정의 남편분과 아들 사이에 심각한 불화가 생기는 바람에, 두 사람이 모두 앞으로 교회 안 다닐 거라고 했다는 겁니다. 이런 일에 대해 어떻게 원만하게 해결해 줄 수 있을지 저에게 조언을 구한다고요. 그 집사님이 수험생 아들을 어떤 기숙학원에 매달 200만 원씩을 내고 보냈다고 합니다. 그 학원은 마침 어떤 목사님이 운영하는 곳이었다 합니다. 그 목사님이 집사님 아들을 서울 대에 꼭 입학시켜 주겠노라며 호기롭게 장담하고, 새벽 4시부터 깨워 새벽기도도 시켜가면서 시험 대비 강행군 훈련을 시켰다고 합니다. 그 부모와 당사자인 아들도 이 학원 훈련 방식에 정말 만족하고 시키는 대로 잘 따라서 했다 하고요. 그런데 막상 수능시험을 치르고 뚜껑을 열어보니, 서울대는커녕 지방대에나 가야 할 점수가 나왔다는 겁니다. 이 시험 결과를 놓고 아버지와 아들이 크게 다투고 아들은 급기야 가출해 버렸고요.

남편 집사님이 말하기를, "그렇게까지 돈을 들이고 새벽기도하고 했는데 하나님이 우리한테 이렇게 나오셨다. 교회는 이제 안 나간다." 했다더군요. 제가 이야기를 다 듣고 그 집사님에게 전화하여 크게 책망하였습니다.

"하나님이 자판기냐? 기도 한다고 무조건 다 들어주게?"

무슨 말인지 잘 알아들은 건지는 모르겠습니다만, 지금 그리스도인들

대부분이 하나님을 자판기로 오해하고 있습니다. 저도 이 목사님에게 뭐 하나 물어봅시다.

미신하고 신앙. 이 둘이 뭐가 달라요? 차이점이라면 무엇이라고 생각합니까?

제 생각에 둘의 차이점이라 한다면, 미신은 자기 뜻을 더욱 주장하도록 돕고, 신앙은 오히려 자기 뜻을 버리도록 도와주는 것이 아닐까요?

예를 들어, 누가 무당한테 가서 굿을 하잖아요. 굿 한 번 하는 데, 100만 원이고 500만 원이고 간에, 무당이 부르는 대로 복채를 내야 할 겁니다. 그런데 무당이 굿을 하기 시작하면, 그때 의뢰인이 가만히 구경하고 있을까요, 아니면 본인도 같이 막 빌까요?

아마 같이 빌고 있을 것 같습니다.

같이 빌어야 한단 말이죠. 그 무당이 무슨 귀신을 모시는지는 알 필요가 없어요. 그저 무당이란 자만 용하면 됩니다. 무당 역시도 내가 어떤 인간인지 알 필요가 없어요. 알려고도 안 하겠죠. 나는 복채 많이 내고, 무당은 굿을 해서 내가 원하는 거 이루어 주면 말 그대로 거래는 거기서 끝이 납니다.

하루에 한 번씩 매일 굿을 한다 치고, 이것을 10년을 해도 100년을 한다 해도 나의 성품과 삶에는 어떤 변화도 일어나지 않습니다. 늘 그대로입니다. 이런 게 미신이죠.

맞습니다.

그러나 우리가 신앙이 무엇인지 얘기한다면, 나는 내가 믿는 신이 누구인지 알아요. 그 신도 나에게 계속 어떤 요구를 합니다. 거짓말하지 말고, 정직하게 살아라. 이건 하고, 저건 하지 말아라 등등. 믿노라 하는 당사자에게 이것저것 요구하는 게 많습니다. 이런 관계를 통해 시간이 흐름에 따라 나와 그 신 사이에 인격적인 관계가 이루어지고, 그런 관계와 사건들의 지속을 통해 결국에는 나라는 사람의 가치관과 삶이 변화하게 됩니다. 마땅히 그렇게 되어야 맞고요.

그런데, 오늘날에는 이 기독교가 미신이 되어가고 있습니다. 교회에다 십일조, 감사헌금 많이 내고 목회자 잘 섬기고 새벽 기도가 열심히 다니면 자기가 세상에서 원하는 게 다 이루어지는 줄 알아요. 자판기를 한 번 봅시다. 어떤 돈을 넣었든, 어떤 사람이 넣었든, 천 원짜리 딱 넣으면 콜라 딱 나오죠? 아무것도 묻지도 따지지도 않죠?

그러나 하나님은, 신앙은, 이 돈이 어떤 돈인지, 돈 넣은 인간이 어떤 인간인지, 전후 사정을 미리 다 알고 살피고 또 따진단 말입니다. 그런데 오늘날 교회는 미신의 대상이 되어버렸고, 일명 기독교인이라 하는 각 개인의 삶에는 정작 변화가 없습니다. 신의 명령에 따르지 않는 겁니다. 교회가 가르치는 것을 교회가 교인들이 전혀 지키려 하지 않습니다, 그러면서도 마치 복채 내는 것처럼, 헌금은 꼬박꼬박 내고, 새벽기도에도 빠지지 않고, 정성껏 빌기는 하지요. 그러고는 하나님, 내가 이 정도 정성을 들였으니 무조건 내 요구를 다 들어주셔야 합니다, 이렇게 나온단 말입니다. 자신이 하나님이라는 신을 믿고 섬기는 것이 아니라,

도리어 하나님한테 나라는 신을 섬기라고 하는 겁니다. 하나님은 자판기로 전락하고 만 것입니다. 기도 딱 넣고, 헌금 딱 넣으면 복이 딱 나오게 해 주는 자판기.

"십일조 꼬박꼬박했는데 복 못 받았어. 감사헌금 열심히 냈는데 돈 못 벌었어. 새벽기도 열심히 공들였는데 응답 못 받았어." 이러면서 나중에는 하나님은 없다고 교회에 안 나가버립니다. 이렇게 되어 버린 것이 지금 우리의 현실입니다.

중요한 지적입니다. 신앙은 하나님을 섬기는 것이지만, 미신은 하나님이 나를 섬겨주기를 바라는 건방진 생각 같습니다. 지난 시간에 목사님께서 말씀하신 '생각을 또 한 번 생각'하지 못한 생각, 주님의 말씀으로 걸러지지

못한 생각 같습니다.

우리 다 같이 숙달된 조교가 됩시다

그렇다면, 지금 기독교가, 또 교회가 왜 이런 식의 미신이 되어버렸나, 저도 생각을 해 봤습니다. 이 목사님 군대 갔다 오셨죠? 군대 가면 교관이 강의하잖아요. 그러면 강의 마친 다음에는 그냥 그걸로 끝나 버리던가요?

실제 훈련을 해야 할 차례가 됩니다.

교관이 말합니다.

"이제 숙달된 조교가 나와서 시범을 보일 테니 보고 배워라."

이런 관점에서 보자면, 교회에서 주일에 설교하는 목사는 바로 교관입니다. 교관이 강의했어요. 그런데 교회 안에는 교관밖에 없네요? 군대에서와 같은 이른바 '숙달된 조교'가 없는 겁니다.

주일에 목사가 겸손에 대해서 강의했다면, 그다음 월요일부터 토요일까지 목사님과 장로님들이 '숙달된 조교'로서 겸손은 이렇게 하는 것이라고 성도들에게 시범을 보여줘야지 교인들이 그걸 보고 배운단 말이죠? 그런데 교회에는 교관만 있지 숙달된 조교는 없는 겁니다. 그러니까 성도들이 겸손에 대한 이론만 알 뿐이지, 교인들이 직접 본받아서 배울만한 본보기는 없는 거죠.

오늘날 교회가 진짜 중요한 '숙달된 조교'를 만드는 일에는 아무 관심이 없었던 것 같습니다.

지금 목사님들이 천사의 소리는 하긴 합니다. 고린도전서 13장 말씀이 있잖아요? "내가 천사의 소리를 하고 산을 옮길 만한 모든 믿음이 있고, 온갖 난리를 다 쳐도 사랑이 없으면 아무것도 아니다." 강의도 당연히 좋아야 하지만, 목회자들과 그 외에 직분자들, 예수를 먼저 믿고 먼저 배운 자들이 숙달된 조교로서 그리스도인의 삶으로 본을 보여줘서, 교인들이 그걸 보고 배우고 따라서 실천해야 하는데, 이게 지금까지 교회 안에서 행해지지 못했던 그 결과가 오늘날 우리의 현실이 되어 버린 겁니다.

왜 그랬을까요? 교관이나 청중이나 다 마찬가지로 하나님을 자판기로만 오해를 해 왔던 겁니다. 그렇다면 앞으로 이 문제를 어떻게 해결해야 할 것이냐, 이런 생각을 요즘 많이 했습니다.

제 나름대로 이름을 붙이자면, '숙달된 조교 만들기 프로젝트' 같습니다.

이 주제에 대해 더 깊이 나누어 주시기를 바랍니다.

> "새 계명을 너희에게 주노니 서로 사랑하라 내가 너희를 사랑한 것 같이 너희도 서로 사랑하라. 너희가 서로 사랑하면 이로써 모든 사람이 너희가 내 제자인 줄 알리라."(요 13:34~35)

예수님께서 이렇게 말씀하셨으나, 요즘 사회적 이슈에 대처하는 기독교인을 보면서 제가 좀 속상한 부분이 있습니다. 한 예로 성 소수자 즉 동성애자들에 대해, 사회가 이들을 대하는 부분에 대해, 이 자리를 빌려 제가 한마디하고 싶군요. 그 사람들은 특이한 성향을 지닌 사람입니다. 어떤 면에서는 그들은 환자입니다. 그런 사람들을 우리가 어떻게 잘 설득하여 치료해 주고 성숙한 태도로 포용하면서 좋은 방향으로 인도해 줄까, 이런 고민과 행동들을 실천해 나가야지, 그 사람들을 혐오하고 공격하지는 말자는 생각입니다. 오히려 그들을 반대하고 혐오를 조장하면서 과격하게 시위하는 사람들로 인해, 오히려 사회로부터 기독교가 더욱 맹렬히 비난받을 뿐입니다.

예를 들어, 제가 사는 이 도시 인구가 30만이에요. 30만 명 중에 비율로 따져 보자면, 동성애자는 그중에 과연 몇 명쯤 될까요? 몇십 명도 채 안 됩니다. 10명이나 될까 말까 할 수도 있어요.

그러면 소위 러브호텔이라는 데 아시죠? 그런 데 가서 바람피우는 사람들은 몇 명이 될까요? 그 수는 몇천 명 혹은 그 이상도 될 겁니다. 그렇다면 그건 왜 죄로 안 여기는 것인지요? 동성애자 반대하는 데모할 힘이 있다면 오히려 정부에 시위해서, 예를 들면 러브호텔 신축하는 것에 자금 대출해주지 말도록, 그래서 더 이상의 신축이라도 금지할 수 있도록 제안하자는 거죠. 또 러브호텔을 이용하는 사람들에 대해서 어떤 규제를 할 수 있도록 이런 캠페인을 벌이는 것이 이 사회를 위해서 더 선한 행동이 아닐까요? 그런데 이런 문제들은 많은 사람이 그냥 두는 겁니다. 동성애와 불륜, 둘 다 하나님 앞에 똑같은 죄입니다. 그런데 이것은 눈 감아 주고, 저것은 혐오하고 반대하고. 왜 그러는지 생각해 봤어요?

바로 '내'가 지금 바람을 피우고 있으니까 그런 겁니다. 자기들의 죄는 죄가 아니고 저 사람들 죄만 죄다 이겁니다. 요즘 말로, '내가 하면 로맨스, 남이 하면 불륜' 딱 그거잖아요.

목사님 말씀대로 역시 '숙달된 조교'를 만들지 못한 문제처럼 보입니다.

비슷한 맥락에서 얘기입니다. 제가 은퇴한 다음에 도움 드렸던 단체가 있는데, 바로 성매매하다가 벗어나서 재활한 사람들의 모임이었습니다. 그 중에서 한 자매 이야기인데요, 이 자매가 과거의 그런 생활을 청산하고 세상으로 나와서 어떤 교회를 다니게 되었다고 합니다. 그 교회가 커서 예배가 총 3부나 있다 보니까, 교인 전체가 한 번에 다 모일 시간이 없었잖아요? 그런데 한 번은 교회 체육대회 때 나가서 보니까 한 장로가 그 친구의 말하자면 '단골'이었다고 해요. 그래서 목사님한테 가서 이 얘기를 했다고 합니다. 이 목사님 같으면 이런 얘기를 듣고 그 자매한테 뭐라고 말씀하실 것 같으세요?

그 장로님을 불러서 행동을 좋게 바꾸실 수 있도록 안내를 해 주는 것이, 양을 치는 목사로서 해야 할 도리가 아닐지 생각합니다.

그런데, 그 목사님은 도리어 이렇게 말했다고 합니다.

"자매한테는 미안한데, 자매가 다른 교회로 가세요. 우리 교회 장로님 처지가 얼마나 난처하겠습니까?"

자기들은 그 부끄러운 짓을 뻔히 하면서 성소수자만 잡으려고 합니다. 이건 주님 기뻐하시는 일이 아니지 않겠습니까? 그러한 불륜 죄, 음란죄도 하나님 앞에서 동성애와 똑같은 죄입니다. 우리 스스로가 거기에서 벗어나야 하는 겁니다. 지금 러브호텔이라는 곳이 정상적인 숙박객, 말하자면 자녀들과도 떳떳하게 함께 묵을 수 있는 그런 시설이 아니잖습니까? 지금 특히나 우리나라에 지천으로 널린 것이 이런 러브호텔들입니다. 이건 무슨 현상입니까? 아주 대놓고 바람피우라는 것 아닙니까? 그렇다면 그것도 또한 우리가 금지하자 해야 비로소 공정한 것이지, 너희 죄는 감추고 그 소수자만 잡자고 덤벼들면 그게 이해가 되냐는 말인 겁니다.

그러니까 지금 다들 하나님을 오해하고 있는 거예요. 예수님 당시의 바리새인들처럼 굴지 말고 선한 사마리아 사람처럼 살아라. 이것이 지금도 예수님께서 우리에게 요구하고 계신 것 아니겠는지요?

네, 맞습니다. 목사님, 좋은 말씀 감사드립니다.

아브라함을 생각해 봅시다

목사님, 그렇다면, 이런 미신이 되지 않고 진정한 신앙에 이르게 하는, 주님과의 이런 인격적으로 깊은 만남, 또 사귐은 어떻게 가능한 것일까요?

믿음의 조상인 아브라함의 예를 한 번 보실까요?

아브라함도 그 신실한 믿음의 시작은 단지 이로움에 불과했습니다. 창세기 12장에 나오죠? 하나님께서 아브라함에게 네 고향과 친척과 아비의 집을 떠나라 하셨고, 아브라함은 또 믿음으로 떠났거든요. 그런데 아브라함조차도 그냥 떠나라고 했으면 안 떠났을 겁니다. 하나님께서 먼저 너의 이름을 창대케 해 주겠다, 복의 근원을 만들어 주겠다. 너를 축복한 사람을 내가 축복해 주고 너를 저주하는 사람은 저주할 거다. 이런 식으로 먼저 '복'을 주시겠다는 약속을 하셨기 때문에, 아브라함 자신에게 이익이 되니 떠났던 겁니다. 나의 이로움에 기반을 둔 믿음인 겁니다.

우리도 처음 예수님 믿을 때는 "예수님 믿고 복 받으십시오!" 하는 말에, 예수님을 믿으면 복 받아 잘 먹고 잘살 수 있겠다는 이익을 따져 전도되었을 수도 있었을 겁니다.

처음에는 오로지 자신의 이익 때문에 출발했던 사람이었는데, 창세기 22장에 가서 하나님께서 독자 이삭을 내놓으라고 하시는 말씀에도 순종하기에 이릅니다.

결론부터 말씀드리자면, 아브라함이 가졌던 믿음의 근거가 이때는 자기 이로움이 아니라 '의로움'으로 바뀌었기 때문에 이것이 가능해졌던 겁니다. 제가 가만히 생각을 해봤습니다. 어떻게 저렇게 바뀌었을까?

아브라함이 처음에 고향을 떠나와 처음 당했던 사건이, 이집트에서 바로를 두려워한 나머지, 아름다운 아내를 동생이라 속여 당신 덕에 내가 좀 살아야 하겠다 한 것입니다. 바로에게 아내를 뺏겼잖아요. 한 재산 얻고 바친 셈이죠. 그날부터 아브라함 마음이 편했을까요? 인간적으로 생각해 봐도, 너무너무 괴로웠을 겁니다. 그런데, 이제 다른 방법은 없어요. 아내를 뺏겨버렸기 때문에 하나님께서 자손에 대한 약속을 주셨는데, 이 약속도 이제는 성취되는 것이 불가능한 상황입니다.

그런 고민 가운데 있으면서도, 정작 이 문제로 기도하지도 않고 하나님께 부탁하지도 않았을 겁니다. 그저 망연자실해 있는데, 하나님께서는 아브라함에게 책망도 안 하시고 오히려 아브라함 체면은 다 살려주시면서 아내를 회복시켜 주신 거예요. 우리가 인간적으로 생각해 봐도, 이때 이런 하나님의 크신 은혜에, 아브라함의 돌 같은 마음이 녹기 시작한 건 아닐지 추측해 봅니다. 이 사건 이후에 그의 삶의 태도가 변했기 때문입니다.

아내를 다시 얻은 것은 전적으로 하나님께서 하신 일이네요.

그걸 우리가 어디에서 알 수 있냐면요. 아브라함이 조카 롯과 헤어지게 될 때, 롯에게 이르기를, "네가 좋은 곳을 먼저 선택해라. 그럼 나는 그 반대로 갈게." 합니다. 롯에게서 이로움을 추구하지 않고, 윤리적인 기준을 가지고 롯을 선하게 대합니다. 또 소돔 왕이 전쟁에서 패하고 롯마저 포로로 잡혀갔다고 들었을 때, 자기 집에 데리고 있던 318명을 데리고 나가서 전쟁을 또 벌이잖아요. 그런데, 저 같으면 그 상황에서, "그 자식이 싹수없이 얌체 떨더니 잘됐네. 그럴 줄 알았어." 이랬을 거 같아요.

우리 노래에도 있잖아요? "나를 버리고 가신 임은 10리도 못 가서 발병

난다."라는 식으로 해석했을 텐데, 아브라함은 절대 그런 거 없었습니다. 앞뒤 따지고 않고 가서 구해줬습니다. 그게 바로 도덕과 윤리가 기준이 되어 행했던 일입니다. 아브라함이 상황을 판단했던 그 기준입니다.

마치 하나님의 은혜에 대한 자각이 '이로움'을 '의로움'으로 바꾸어 주는 화학적 변화를 일으킨 것 같습니다.

다음에는 또 천사한테, 말하자면, 천기누설을 듣잖아요? 하나님께서 소돔을 멸하러 간다고 말입니다. 우리 같으면, 아니 저라도 이럴 겁니다. "그 자식이 그렇게 살더니, 기어이 망하고 마는구나." 그런데 이렇게 안 하지요? 하나님께 의인 50명만 있으면 용서해 주겠다는 약속을 받아내었습니다. 그런데 50명이 없을 것 같아요. 다음에 45명, 40명, 30명, 20명, 10명까지 하나님을 설득합니다. 우리는 누구라도 자기 체면 때문에 6번이나 번복하지는 못합니다. 또한 그 누구도 6번이나 번복된 요구에 응하지 않습니다. 그런데 하나님께서 50명, 45명, 다음에는 40명, 30명, 20명, 10명까지 될 정도로, 6번이나 번복을 해 주십니다. 아브라함이 생명을 걸 정도로 하나님께 간청했기 때문입니다. 이것은 의로움에 근거한 믿음입니다.

결국 하나님께서 아브라함의 간청을 기억해서 롯을 살려주시잖아요. 그런데 또, 혹시나 했더니 역시나 맞죠? 아브라함도 인간이에요. 이번에는 또 그랄 왕 아비멜렉입니까? 이 왕에게 아내를 일컬어, 또 동생이라고 그랬 잖아요. 그런데 그때는 하나님께서 아브라함을 이전보다 더 돌봐 주십니다. 사라가 아비멜렉하고 잠자리하기 전에 "아비멜렉아, 너 까불지 말아라." 하 고 말씀해 주십니다. 아내를 또 한 번 회복 시켜주신 겁니다. 또 하나님께서 아비멜렉에게 이렇게 말씀하십니다.

"그는 내 선지자다. 저 사람한테 네가 안수기도를 받아라. 그래야 네가 산다."

마지막에는 아브라함이 아비멜렉을 위해 하나님께 기도해 주니까 그 가 정에 내려졌던 재앙이 아브라함을 통해 풀리게 되는 역사를 또 보여 주십니 다. 이 사건들을 통해서 결국, 아브라함이 주님 앞에서 완전히 깨졌을 거라 고 저는 생각합니다.

"나는 바보짓을 되풀이하는데도 하나님은 이렇게 끝없이 나를 살려주 시고, 내 체면까지도 세워주신다."

그 푼수 같은 인간을 하나님의 선지자라고 높여서, 땅바닥까지 추락했 던 그의 체면까지도 세워주시면서 이렇게까지 해결해 주신 분이 하나님이 셨던 겁니다. 이제 이 사람은 자기 이익 같은 거 더는 필요 없는 단계까지 이르게 됩니다. 하나님의 어떤 말씀에도 토를 달지 않고 하나님의 어떤 요 구에도 왈가왈부하지 않게 됩니다. 이제는 오직 하나님! 이로움이었던 기준 이 의로움으로 바뀌는 순간입니다. 이제부터는 의로움에 근거한, 진짜 믿음이 시작되는 것입니다.

아브라함의 기준을 '의로움'으로 바꾼 분은 전적으로 하나님이시며, 오직 하나님의 은혜로 귀결되는 것 같습니다. 주님 은혜가 아니시면 우리 인간은 아무것도 할 수가 없음을 다시 한번 고백하게 하는 일화입니다. 제가 목사님께 여쭈었던, 미신이 아닌 진정한 신앙이 되게 하는 사귐조차도 온전히 주님 은혜 아니면 있을 수 없는 사귐이었던 것이네요.

의로움을 간직합시다

여기까지는 좋았습니다. 하나님께서 사랑하는 독자 이삭까지도 주셨는데, 어느 날 갑자기 이 아들을 나에게 바치라고 나오시는 겁니다. 바치러 가는 그 여정의 사흘 동안 아브라함은 과연 무슨 생각을 했을까요?

지금까지의 여정. 하나님께서 그동안 나에게 어떻게 해주셨는가? 또 나는 하나님께 어떤 사람이었는가? 지금까지 사십여 년의 세월 동안, 내가 만난 하나님, 내가 경험한 하나님을 생각했을 겁니다.

결론을 내립니다. 더는 나의 이로움이나 윤리 혹은 도덕이 판단의 기준이 아니고, 나를 나 되게 하시고 나에게 지금까지 이토록 많은 자비와 긍휼을 베푸신 저분. 살아계신 여호와 하나님. 그분의 뜻을 전적으로 따르는 것이 옳은 일이다. 이것이 의로움이다, 이렇게 생각하고, 그 귀한 독자를 하나님의 말씀대로 제물로 드리니 아브라함의 순종을 보시고 하나님께서 말씀하십니다.

"이제야 네가 나를 경외한 줄 알겠다."

처음에 하나님께서 약속하신 축복이 성취되기 시작합니다. 아브라함이 처음에 이로움으로 시작했다가 하나님의 그 크신 은혜를 경험하면서 의로움으로 옮겨갑니다.

한편, 아브라함과 같이 하란을 출발했던 롯은 계속 이로움만 추구하다가 인생이 끝납니다. 땅을 선택할 때부터 계속해서 그가 추구했던 것은 이로움 뿐입니다. 근데 신기한 게 있어요. 들어 보세요? 이 이로움이 얼마나 그를 불행하게 했는지, 소돔에 살다가 포로로 잡혀가서 죽을 뻔하다 겨우 살아났잖아요. 이창우 목사님이 만일 그런 일을 겪었다면, 그래도 계속 소돔에 살까요, 아니면 아브라함 곁으로 이사 올까요?

그런 상황이면 절대로 소돔을 선택하면 안 되는 거죠.

소돔에는 이로움이 있어요. 소돔에야말로, 자신이 추구하는 세속적인 욕망을 충족시켜 줄 수 있는 모든 것이 있는 곳이었습니다. 롯은 그 이로움이 좋았던 겁니다. 하나님께서 소돔에서 탈출시켜 주신 후에도 토굴에서 뭉그적대면서 계속 살아야 합니까, 아니면, 아브라함 곁으로 이사를 와야 합니까?

당연히 이사를 와야 좋지 않을까요?

또 안 와요. 그 사람은 끝까지 이로움을 못 버려요. 이로움만 생각하면서 뭉그적대다가 결국에는 망했습니다. 결국 불행한 조상이 되지 않습니까? 그런데 아브라함은 이로움을 의로움으로 바꿨기 때문에 위대한 조상이 되었던 것입니다.

우리도 한 번 봅시다. 똑같이 신앙생활을 했어요. 똑같이 목사 되고 똑같이 장로 되었습니다. 그런데도 끝까지 이로움만 좇는 사람이 있어요. 모든 것의 기준은 자기 이로움을 추구하는 일. 그런데도 우리가 이걸 뛰어넘어 의로움으로 옮기는 사람이라면, 바로 하나님을 직접 경험한 사람입니다. 하나님을 지식적으로는 알지만, 살아계신 하나님을 경험하지 못한 사람은 끝까지 자기 이로움만을 좇게 되는 겁니다. 자기 자신을 절대로 부인할 수가 없어요.

한편, 복음서에 나오는 예수님의 제자들 모습과 사도행전에 나오는 제자들의 모습이 달라졌지요?

네, 맞습니다.

복음서에 나온 제자들은 예수님을 왜 믿었을까요? 예수님으로부터 덕을 보려고 믿었던 겁니다.

네, 그렇군요. 목사님 말씀대로 이로움을 따른 것이죠.

자기들이 예수님 덕 보려고 예수를 믿었습니다. 이로움을 따졌어요. 끝까지 그걸 못 버렸지요. 예수님이 아무리 교육하셨어도 이걸 끝까지 못 버렸습니다. "이로움 아니면 나는 안 돼." 그래서 예수님을 배신해 버린 거예요. 예수님의 죽음, 부활, 용서, 사명 주심, 승천을 통해 제자들의 이로움이 깨어지고 오직 예수! 의로움으로 바뀝니다. 부활하신 예수님께서 제자들한테 재교육하셨을까요?

이제는 교육도 더는 필요가 없습니다. 한 말씀만 하셨습니다. "성령 받아라!" 오순절에 제자들이 성령으로 거듭나서 자기 부인을 하게 됩니다. 자기 부인이 이루어지니, 그제야 유무상통하고 한마음 한뜻이 되었고요. 고난도 받게 되고, 예수님을 위해 고난 받는 것을 영광으로 여기기에 이릅니다. 그때부터 의로움을 따르는 사람들이 되죠. 그들이 초대 교회를 이루어 만들어 나아가면서 세상을 변화시킨 사람들입니다. 그런데 현대의 교인들은 전부 복음서의 제자에만 머물러 있는 것 같습니다. 더 이상 어떻게 해볼 수가 없는 겁니다. 각자 각자가 하나님을 경험해야 하는데 하나님을 지식적으로만 압니다. 하나님께서는 아브라함에게 베푸셨던 그 은혜를 분명히 우리에게도 같은 은혜로 베풀어 주셨습니다. 그런데 오늘날 성도들은 그걸 알아차리지 못합니다.

그저 모든 것을 당연하다고만 생각하는 겁니다. 하나님께 받은 은혜도, 습관적으로 하는 신앙생활도 모두 말입니다. 왜 이렇게 되었을까요?

생각을 안 하는 겁니다. 그 생각 속에 무엇이 들었는지 보니까, 육신이 편하면 그저 평안, 행복이라고 생각합니다. 다시 생각해 볼까요? 이스라엘 백성들이 왜 광야에서 망했나요? 그들이 했던 최대의 착각. 곧 불편을 불행으로 여겼던 겁니다. 육신의 편안함을 행복으로 알았습니다. 이집트에서는 일단 몸은 편했잖습니까?

"이집트로 돌아가자. 이런 데서 천막 치고 먹고 마시는 것, 이 모든 게 불편해. 이건 불행한 거야."

이스라엘 백성들은 육신의 편안함을 행복으로 알았기 때문에, 이 이로움을 끝까지 못 버렸습니다. 다시 한번 말씀드리지만, '하나님은 절대 자판기가 아니다'라는 사실입니다. 이로움을 좇는 삶은 어떤 삶이냐? 그것은 정당한 삶입니다. 의로움을 좇는 삶은 어떤가요? 바로 위대한 삶입니다. 그렇기 때문에 우리가 이로움에서 의로움으로 옮겨 가야 하고, 곧 정당한 삶에서 위대한 삶으로 이동해야 하는 것입니다.

네, 목사님. 한국 교회와 성도분들에게 정말 중요한 말씀 해 주셨습니다. 감사드립니다.

삭개오를 모델로 배워봅시다

'이로움'에서 '의로움'으로 사는 신앙을 소개해 주셔서 감사드립니다. 그런데 신약성서에서도 이와 같은 모델을 찾을 수 있을까요?

인생에 있어서 이러한 중대한 여정을, 우리에게 본보기로서 몸소 보여 줬던 사람이 삭개오라고 생각합니다. 삭개오는 키가 아주 작은 사람이었습니다. 게다가 그는 가난한 집에서 태어나고 자라서 줄곧 서러움을 많이 겪었던 모양입니다. 그런 사람들 있잖아요? 내가 돈 많이 벌고 출세하는 길만이 내가 사는 길이다. 이렇게 생각하고 정말 이를 악물고 수단과 방법 가리지 않고 돈 모았던 것 같습니다. 그러니 평생 자기 이로움만을 위해 살았습니다. 남이야 자기한테 욕을 하거나 말거나, 조국을 배신하는 행위가 되거나 말거나, 오직 돈 되고 출세하는 일이라면 무조건 했습니다. 결국 뜻하던 바는 이루었다고 생각해요.

세리장이 되는 출세도 하고, 돈은 쌓여 가는데도 웬일인지 공허합니다. 이런 외로움과 공허함을 잊어버리기 위해 술을 마시는데도, 술에서 깨면 또 마음이 쓰라린 겁니다. 그즈음, 예수라는 사람의 소문을 종종 들었습니다. 예수가 이웃 사랑을 말하며 소외된 사람들을 위로해 주고 병든 사람 고쳐 주고 귀신도 쫓아주었다는 소문도 들었나 봅니다. 그런데 이분이 어느 날 자기 동네에도 온다잖아요?

그래서 구경하러 갔습니다. 그런데 이 예수란 사람이, 뜬금없이 자기를 찾아오더니 "삭개오야!" 하고 그의 이름을 불러버리네요? 첨엔 이 생각이 들었겠죠? 나는 죽었구나! 그리고 또 어떤 생각이 들었을 것 같나요?

'어떤 녀석이 벌써 저 양반한테 나를 찔러서 일면식도 없는 나를 벌써 알고 있다냐? 내 얼굴 보고 이름을 부를 정도면 진짜로 내가 누군지 다 알아버렸구나! 하필 오늘 같은 날, 재수 없이 내가 아주 개망신을 당하게 생겨버렸구나?!' 그런데 뜻밖에도 예수님께서 이렇게 말씀하시는 겁니다. "우리 일행이 당신 집에 가서 며칠 묵고 싶은데 가능하겠습니까?" 사람들한테 자기 집에 놀러 오라고 초대해도 안 오는데, 그 집에 찾아오겠다고 먼저 말을 걸어 주시는 예수님!

이때 삭개오의 돌 같은 마음이 녹아버리지 않았을까요? 예수님과 같이 걸어가면서 몇 마디 나누는 동안, 삭개오의 마음은 더욱 뜨거워집니다. 삭개오가 일평생 추구해 왔던 이로움이 의로움으로 바뀌는 순간입니다.

"예수님! 제가 예수님 소문 들었습니다. 예수님은 이웃 사랑이라더군요! 제 재산 절반을 내놓을게요. 어려운 사람한테도 제가 사기 치고 돈 모았던 것 이제는 다 변상하겠습니다."

그 고백을 입술로 하고 났더니 삭개오 마음이 왜 이리 좋아요?!

이 역시 예수님의 사랑이 그를 변화시킨 거네요.

"노란 샤쓰 입은 사나이" 저는 옛날 사람이라 이 노래 아는데, 이창우 목사님이나 젊은 분들은 아실는지 모르겠어요.

"어쩐지 나는 좋아, 어쩐지 맘에 들어."

이유는 알 수 없는데 그냥 좋아 죽겠어요. 와! 이거구나! 맘 깊은 곳에서 한없이 솟아나는 이 기쁨! 이 평안! 이로움에만 붙잡혀 있는 사람은 기쁨이 없습니다. 어떤 쾌락? 자기 욕구? 성취? 이런 것들뿐이죠? 그런데 이것이 한순간 의로움으로 바뀌어 버리니까 자기의 이로움은 절반이 날아가 버렸는데도 너무 좋기만 한 겁니다.

욕심쟁이가 돈을 포기하고도 기쁘다니 기적이군요!

이때부터 삭개오가 진짜 사람이 됩니다. 그런데도 너무 안타까운 점은, 오늘날을 살아가는 이 땅의 그리스도인들이 전부 삭개오처럼 이로움만을 붙잡고 끙끙대고 있습니다. 돈 많이 벌어야 하고, 교회 부흥시켜야 하고, 성공해야 하고요. 그렇지만 거기에는 진정한 기쁨이 없습니다. 그러나 오직 예수님의 가르침에만 순종하면, 의로움을 따르면, 그때 진정한 기쁨이 찾아옵니다. 찬송가 있잖습니까? "평화, 평화로다. 하늘 위에서 내려오네." 이 평안. 세상이 줄 수 없는 평안. 내 힘으로 만들 수 있는 것이 아닙니다. 내가 내 이로움을 버리고 주님의 의로움을 좇을 때 자연히 저 위로부터 내려오는 것입니다.

여기서 다시 한번 결론!

하나님은 절대로 자판기가 아니니까 우리가 그분을 속이려고 하지 말고, 오직 그분과의 관계에서 이로움을 의로움으로 변화시키자고요. 주님과의 인격적인 만남, 그리고 사귐. 하나님을 단순히 머리로만 아는 게 아니라 경험하는 삶. 믿음의 조상인 아브라함의 그 삶.

예수님 부활 후에 짧은 기간이지만 제자들의 삶.

우리가 이 삶을 각자 경험하는 것으로서, 하나님을 바로 알고, 바로 만났으면 좋겠습니다.

정말 가슴 깊은 곳에서부터 생각하게 하는 여러 가지 좋은 말씀, 진심으로 감사드립니다. 우리가 그리스도인으로 진실하게 살기 위해 깊이 고민해야 할 만한 여러 주제를 목사님께서 알려 주셨기도 하고, 요즘 또 시기가 맞아떨어지다 보니 전우원 씨 생각이 또 납니다. 전우원이 삭개오처럼 진심으로 회개한 사람인지는 주님만 아시겠지만요. 저는 개인적으로 그가 진짜 회개한 사람이기 때문에 그런 행동을 하는 것이 아닌가 생각했기 때문입니다. 마치 죄 많은 여인이 바리새인의 잔칫집에 가서 자기 죄를 폭로하듯이, 이 사람도 스스로 죄인이라고 하면서 낱낱이 고백하는 것을 들었습니다.

제가 특히 인상 깊었던 부분은 전우원 SNS에 달린 시민들의 댓글이었습니다. 본인은 스스로 죄인이라고 하는데 사람들은 다 의인이라고 말하고 있었습니다. 너는 대단한 사람이다. 이런 의인이 어디 있느냐? 그러니까 힘내라. 전부 거꾸로 얘기하는 이런 반응들이었습니다. 목사님 말씀을 기준으로 하자면, 전두환 집안사람들은 모두 자기들의 이로움만 추구해 왔던 거잖아요? 자기는 잘못한 것이 전혀 없으므로 회개할 것도 없다고 하면서도 맨날 도망 다니고, 시민들은 나쁜 놈들, 죄인들이라고 비난했고요. 그런데도 손자 전우원 씨는 자기가 직접 저지른 것도 아닌 조상의 죄를 자신의 죄라면서 고백하니, 진짜 회개하지 않은 사람은 이렇게 할 수 없을 것 같다는 생각이 들었습니다.

전두환 아들 중에 목사 되겠다는 사람은 회개 안 하고 엉뚱한 손자가 회개했잖아요.

전재용은 신학을 했네, 하면서 떠들었지만, 오히려 진정성 있어 보이는 건, 전두환의 손자인 것 같습니다.

다시 한번 말씀드리지만, 지금 우리는 하나님을 자판기쯤으로 생각하고, 자꾸 집어넣습니다. 열심 출석을 넣고, 새벽 기도를 넣고, 헌금 넣고... 하나님 앞에서 쇼만 하면 되는 것으로 알고 있습니다. 이들의 행동이 누구 닮지 않았나요? 바로 바리새인이지요? 우리가 실상은 바리새인이 되어 있는데, 자신만 그것을 모릅니다. 예수님께서 바리새인을, 겉으로는 경건하나 속으로는 교만한 그들을 가리켜 회칠한 무덤 같다며 호되게 비판하셨습니다. 그분을 기독교인 각자가 인격적으로 만나고, 경험해야 하는데 그럴 생각은 전혀 없습니다. 그냥 이대로 교양 있게 적당히 믿는 이런 생활로 만족하는 것이지요.

의로움을 실천합시다

예배를 마치고 교인들이 집에 돌아갈 때, 예수님께서 오늘 내가 네 집 따라간다고 하시면, 교인들이 어떻게 반응할까요? 이 목사님 같으면 어때요? 예수님께서 "내가 오늘 네 집에 같이 가서 며칠 묵어야겠다." 하시면, "네, 갑시다, 예수님!" 할까요, 아니면 오지 말라고 할까요?

저도 선뜻 대답하기가 어렵습니다.

분명히 부담스러워하며 거절할 겁니다. "저 장사해야 하는데, 예수님이 옆에 계시면 거짓말도 못 하고, 입장 곤란합니다?!"

"예수님 오시면 부담스러워요. 제가 다음 주에 또 올게요. 여기 가만히 계세요. 제가 여기로 분명히 다시 온다는데, 왜 우리 집까지 굳이 오려고 하세요?"

자기 집이나 자기 사업장에 예수님 오시지 말라고 합니다. 이게 인격적일까요? 아닙니다.

"예수님 당신은 여기 교회에만 가만히 계시고, 제가 주일에 다시 와서 헌금 많이 하고, 주중에 못 한 봉사도 할게요. 걱정하지 마세요."

예수님한테 돈만 던져주고, 교회에 정성 들이고, 일주일에 한 번만 주일만 그리스도인처럼 살면 아무런 문제가 없다고 생각합니다.

"주 예수 내 마음에 들어와 계신 후 변하여 새사람 되고."

이 찬송도 다 거짓말 아니겠어요? 저희 교회 교인들도 늘 제가 책망하였습니다.

"입에 침이나 바르고 찬송 불러라. 거짓말 찬송 부르고 있네."

제가 그랬던 것입니다. 그런데 도리어 이것이 자연스러운 게 되어 버린 것, 안타깝지만 우리 현실입니다.

정말 목사님 말씀대로, 교회에 미신이 들어왔다고 봐야겠습니다.

기독교가, 교회가 미신이 되어가고 있습니다. 분명히 신앙인이라면 10년 신앙 생활한 사람하고 20년 한 사람하고 뭐가 달라도 달라야 하거든요. 그런데 다 똑같지 않습니까? 오히려 초신자가 열심히 신앙 생활하면, "처음에는 다 그런 거여, 몇 년 지나 봐." 이런 식으로 오히려 그 사람을 조롱하고 낙심하게 합니다. 귀하게 여기는 게 아니라는 말입니다. 그 이유가 뭐겠습니까? 하나님은 자판기다, 그런 결론 아니겠습니까?

진짜 회개하고 주님 앞에 돌아오면, 삭개오처럼 변해야 정상인데요.

혹시라도 제가 장례식 집례를 하게 된다면 상주에게 이렇게 조언하고 싶습니다. 삭개오처럼 당신도 물려받은 재산 중 일부라도 교회와 이웃을 위해 기부하시면 좋겠다고. 최소한 그 정도는 해야 하지 않을까요? 오히려 있는 사람들이 더 챙기려고 한다는 말도 들어 보셨을 겁니다. 하물며 목사와 장로도 임직받고 안수받을 때 삭개오처럼 결단하는 모습 볼 수 없습니다. 그러면 말 다 했죠. 그러니까 삭개오가 진짜인 겁니다. 성경은 우리가 살아가면서 닮아야 할 본보기를 제시해 줬는데, 전혀 그걸 모델로 생각하고 있지 않으니 참 안타까울 뿐입니다.

제가 번역한 책《이방인의 염려》에서도 그런 얘기 하고 있습니다. 몇 가지 염려 중에서 풍요의 염려라는 주제가 있는데요. 성경에 나오는 불의한 청지기 비유를 설교하는 것을 목사님들이 무척 힘들어한다고 말입니다. 불의한 것을 예수님께서 칭찬하셨다는 이 사실만으로도 도저히 스스로 이해가 되지 않고, 그러니 더더욱 설교를 못 한다는 겁니다. 그러나 불의한 청지기가 아무리 불의해도 우리보다 잘하는 게 하나 있습니다.

주인이 자기에게 맡긴 재산을 단 한 번도 자기 것으로 생각한 적은 없었다는 겁니다. '이건 절대로 내 게 아니야.'라고만 생각했습니다. 그런데 오늘날 우리는 십일조만 할 뿐, 나머지 90퍼센트는 다 자기 거로 생각하는 그런 착각 속에 빠져있지 않습니까? 그런 점에서 일단 불의한 청지기가 굉장히 훌륭하다는 내용입니다.

우리보다 나은 점이 하나 더 있는데요. 이 청지기가 타락하지 않으려면 나그네 정신이 필요하다는 것입니다. 나그네가 된다는 것, 앞으로 떠나야 한다는 생각이 갑자기 들었을 때 그제야 비로소 재물을 제대로 썼다는 겁니다. 그래서 막 빚을 탕감해 주는 거예요. 이에 반해 이 세상에는 웃지 못할 일이 의외로 많은 것 같습니다.

예를 들어, 십만 원 정도 남의 돈을 뺏잖아요. 그러다가 경찰서 가면 사람들이 불쌍하다고 한답니다. 오히려 백억 뭐 이런 정도 사기 치면, 세상에서는 대단하다고 칭찬한다지요. 세상에서의 지혜로움의 기준이 복음과 다른 것이지요.

결국 지금 대법관까지 되긴 되었는데, 어떤 법관이 그랬잖아요. 버스 기사가 동전 800원을 훔친 사건에 관해서는 버스 기사 해고가 정당하다고 판결하고, 몇억, 몇십억씩 뭐 그런 놈들은 다 적당히 집행유예 정도로 봐주지 않았습니까?

그러게 말입니다. 세상은 이렇게 거꾸로, 또 미쳐서 돌아가고 있는데, 예수님께서는 우리에게 이렇게 말씀하십니다.

"네가 이 땅에서 소유한 것은 하나도 없다. 다만 잠시 내가 네게 맡긴 것을 가난한 사람들에게 다 나눠줘 봐라. 세상 사람들이 너에게 뭐라고 얘기할까? 미쳤다고 할 거다. 그렇지만 이 일을, 내가 너에게 하라고 명령하는 것이다." 이곳을 곧 떠나야 한다는 생각, 나는 이 땅에서 나그네일 뿐이라는 생각. 그 생각이 있어야만 우리 믿는 자들이 예수님의 명령에 순종할 수 있을 거라는 생각이 들었습니다.

제 5 장

천국 독립군이 됩시다

끝까지 독립군이 됩시다

목사님, 이제 무슨 주제로 말씀해 주시겠습니까?

지금부터는 천국 독립군을 주제로 한 번 얘기를 나눠볼까요?

우리나라가 일본에 36년 동안 주권을 빼앗겼었죠? 한 나라의 주권을 남의 나라에 팔아먹은 사람들은 그 당시 다 기득권층이었습니다. 그들 중 누구도 여기에 대해서 책임을 느끼지 않았고, 이후로도 되찾으려는 노력도 하지 않았습니다. 그런데, 백성들의 생활이 어렵기는 누가 다스리나 똑같아요. 일본 놈이나 조선 왕실이나 그놈이 그놈이라는 거죠. 그런데 그런 사람들이 자기하고는 이해관계도 없는데도 나라를 되찾겠다면서 독립운동을 하다가 죽었고, 나라를 위해 모든 것 바쳐 희생하다가, 그것도 모자라서 자손 3대에 걸쳐서까지도 힘들고 가난하게 살았습니다.

예수님께서 우리에게 가르쳐 주신 기도문에 보면, '뜻이 하늘에서 이루어진 것처럼 땅에서 이루어지길 원한다'라고 하셨습니다. 이것을 원하시는 분은 바로 하나님이신 거죠. 하늘나라는 저기다 여기다가 아니라, 우리 안에 있다고 예수님께서 분명히 말씀하셨습니다. 따라서 천국은 죽어서 가는 곳이 아니라, 우리가 이 땅에서 사는 동안, 바로 여기를 천국으로 만들어야하는 거예요. 이 땅을 천국으로 만들기 위해서는, 우리 스스로 천국 독립군이 되어야 마땅하지 않겠습니까? 주님의 뜻이 이 땅에서도 이루어질 때까지 독립군의 마음과 정신과 행동으로 살아야지요. 돈도 명예도 가족까지도 포기하고 싸우는 사람들이 바로 독립군입니다. 독립됐는지, 안 됐는지도 중요하지만, 더 중요한 것은 그게 아닙니다.

내가 독립운동 한다는 그 자체가 중요하고 독립운동으로 인해서 행복합니다. 잡혀서 죽을 때조차도 비굴한 모습을 보이지 않습니다. "대한독립 만세!" 외치면서 당당하게 웃으면서, 의연하게 죽음에 임합니다. 그것만으로도 그냥 기쁘고 삶에 만족을 느끼는 것입니다.

오늘 그리스도인들은 어떻습니까? 나의 나 된 것은 다 하나님의 은혜잖아요? 예수가 내 죄 때문에 십자가에서 피 흘려 돌아가시고 3일 만에 부활 승천하셨고, 나는 아무 값없이 구원받았단 말입니다.

"늘 울어도 눈물로써 못 갚을 줄 알아 몸밖에 드릴 것 없어, 이 몸 바칩니다."라는 찬송도 있잖아요? (찬송가 143장) 우리도 그 은혜를 안다고 말하고, 찬송도 한다고 합니다. 그 은혜를 안다면, 내가 이 세상에서 돈 벌고 출세하는 것이 더 중요합니까, 하나님의 나라가 이 땅에 이루어지도록 천국 독립운동을 하는 것이 더 중요합니까? 성도 중에서도 특히나 목사님과 장로님들은 독립군을 진두지휘하는 장교들이란 말입니다. 자기가 앞장서 가면서, "나를 따르라!" 해야 하는 거잖아요? 그런데 언제부터인가 한국 교회 독립군 장교들은 그냥 앉아서 길을 손가락으로 가리키고만 있습니다. 자기는 앞장서 가지도 않으면서, "저 길이 생명의 길이고 복 받는 길이니 저 길로 가시오."라고 말만 하고 있습니다.

천국 독립군이 되어서 독립운동하겠다고 말씀하시는 분들은 많지만, 이 독립운동을 중단 없이 계속 해 나가신 분은 결과적으로 많지 않아요. 게다가 근래에는 '가나안 교인'이라는 단어가 등장하더니, 요즘은 가나안 교인들이 점점 늘어나고 있다는 소식입니다. 가나안 교인이라는 말, 들어보셨지요?

네, 목사님. 저도 처음에는 무슨 뜻인지 몰랐습니다. 교회에 '안, 나, 가'를 거꾸로 해서 가나안 성도, 가나안 교인이라고들 하더라고요.

상황이 이렇게 되어가고 있다면, 가나안 교인들이 교회로 돌아오게 하려고, 변화된 교회와 목사, 장로들도 나타나줘야 하는데, 가나안 교인들을 위해 헌신하겠다는 교회와 목사, 장로를 찾기가 어렵습니다. 하나님께서는 잃어버린 한 영혼도 얼마나 귀히 여기시고 기다리시지 않습니까? 이것도 천국 독립군으로서 당연히 해야 할 일인 것이지요.

옛날에는 신학생들이 뜨겁게 부르던 찬양이 있었습니다.
부름 받아 나선 이 몸 어디든지 가오리다.

괴로우나 즐거우나 주만 따라 가오리니,

어느 누가 막으리까 죽음인들 막으리까.

어느 누가 막으리까 죽음인들 막으리까.

아골 골짝 빈들에도 복음 들고 가오리다.

소돔 같은 거리에도 사랑 안고 찾아가서.

종의 몸에 지닌 것도 아낌없이 드리리다.

종의 몸에 지닌 것도 아낌없이 드리리다.

존귀 영광 모든 권세 주님 홀로 받으소서.

멸시 천대 십자가는 제가 지고 가오리다.

이름 없이 빛도 없이 감사하며 섬기리다.

이름 없이 빛도 없이 감사하며 섬기리다.(새찬송가 323장)

그런데 요즘은 정반대 현상이 벌어지고 있습니다. 목사들이 지방이나 시골 교회에서 사역하는 것은 거절하고 있고요. 부목사 중에는 일과 시간이 지난 후이거나 혹은 사역을 쉬는 월요일에는 교인들의 전화를 받지 않고 개인 시간을 존중해 달라고 당당히 교인들에게 요구하는 목사도 있다고 합니다. 목사라는 사람들이 주의 종이라고 자칭하되, 주의 종인지 자기 자신의 종인지 분별이 안 되게 행동하고, 교인들에게는 주의 종이니 존중해 달라고 합니다. 교인들 또한 교역자들에게는 무조건 섬기는 모습을 기대할 수 밖에 없는데, 갈수록 이기적인 모습으로 변해가는 교역자와 교회에 실망하고 교회를 떠나는 교인들이 점점 늘어나니 교회는 더욱 이 땅 가운데 설 자리가 없어지고 있는 것이 우리의 현실입니다.

자신이 정말로 주님께 부름을 받은 종이라고 생각하고 또 그렇게 되기를 원한다면, 목회자들이야말로 이 세상 넓은 길 위에서의 정당한 삶을 살기를 포기하고 좁은 길에서 의로운 삶을 살기 위해 노력하면서, 예수님께서 우리에게 주신 산상수훈만이라도 잘 실천하기 위해 노력해야 합니다. 개척교회가 부흥이 안 된다고 큰 교회의 부교역자 자리만 기웃거릴 것이 아니라, 예수님을 정말로 사랑하는 마음, 예수님께서 주신 소명을 이뤄가고자 하는 마음으로, 자기 자신을 부인하고 자신의 십자가를 지고 예수님을 묵묵히 따르는 목사들이 이 땅에 다시 회복된다면, 이 땅 가운데 하나님의 나라가 반드시 회복될 것으로 생각합니다.

1. 저는 무소유 하겠습니다.
2. 자동차는 경차를 타겠습니다.
3. 오전은 금식하면서 교회를 위해 기도하고 말씀 묵상, 말씀 공부에 전념하겠습니다.
4. 매월 1일은 굶주린 어린이들과 남북한 화해와 평화를 위해 금식하겠습니다.
5. 신부전증 환자를 위해 신장 하나를 기증하고, 매월 헌혈하겠습니다.
6. 머리와 입이 아닌 마음으로 설교하되, 성도들의 귀와 머리가 아닌 성도들의 가슴을 향하여 설교하겠습니다.

목사님들이 위와 같이 결단하고 이 약속을 지키려 노력하면 어떤 곳에서 개척해도 교회가 세워질 것이고, 교회를 떠났던 가나안 교인들도 되돌아와서 아름다운 주님의 형상을 회복하는 교회가 다시 설 것입니다. 가나안 교인들은 접근성이 좋은 위치와 편리한 시설을 갖춘 예배당 건물이 아닌, 예수님 닮은 목사, 예수님 닮은 장로의 모습을 성도의 본보기로 원하기 때문입니다.

묵자를 통해 배워봅시다

이것과 관련해서 목사인 저조차도 아주 부끄럽게 만든 분들이 있습니다. 한 분은 지금부터 2,500여 년 전에 살았던 묵자라는 사람입니다. 시대의 흐름 순으로 얘기하자면, 공자 다음에 묵자, 그 다음에 맹자거든요. 그중에서, 묵자의 사상은 '겸상애 교상리(兼相愛 交相理)', 즉 더불어 서로 사랑하고 서로 이롭게 하라는 이 두 가지 논리를 모두 함축하고 있습니다. 내 몸을 사랑하듯이 이웃의 몸을 사랑하고, 내 부모를 사랑하듯이 이웃의 부모를 사랑하라. 내 형제자매를 사랑하듯이 이웃의 형제자매를 사랑하고, 내 나라를 사랑하듯이 남의 나라를 사랑하자. 당시에 끊임없는 전쟁으로 인해서 세상은 온통 혼란스러웠고, 백성들은 다음의 세 가지 커다란 환난과 고통을 당하고 있었는데, 고통당하는 민중에 대해서,

첫째로 굶주린 자는 먹이고,

둘째로 헐벗은 자는 입히고

셋째로 고달픈 자를 쉬게 해 주면서

백성을 사랑하고 이롭게 하는 것을, 묵자와 그의 제자들은 몸소 실천하였습니다.

"내가 잘 입으면 저 사람들이 못 입고, 내가 많이 먹으면 저 사람들이 못 먹어."라고 하면서 평생에 걸쳐서 근검절약하며 전쟁을 반대하고 평화 운동을 펼쳐 나갔습니다. 그때 큰 나라가 작은 나라를 잡아먹을 때였어요. 큰 나라가 작은 나라를 잡아먹으려고 하면 묵자가 그 나라에 찾아갔습니다.

묵자는 백성을 사랑하는 방법의 하나로서 "비공(非功)"을 주장했는데, 큰 나라가 작은 나라를 공격해서는 안 된다는 의미입니다. 큰 나라가 묵자의 말을 안 듣습니다. 묵자가 그래서 한 방편으로 방어술까지 연구한 것 같습니다. 실제로 전쟁을 막아내기도 했습니다. 일례로 초나라가 송나라를 침략하려고 한다는 말을 듣고 묵자가 초나라에

찾아가 비공을 주장했습니다. 초나라가 묵자의 말을 들을 리가 없죠. 묵자가 자신이 개발한 방어술을 가지고, 초나라와 모의 전쟁을 해서 다 이기고는 결국 초가 송을 공격하는 것을 포기하게 만들었다는 말도 전해지고 있습니다.

묵자는 왜 그런 반전 평화 운동을 실천했을까요?

큰 나라가 작은 나라를 공격하면 큰 가문이 작은 가문을 공격하고, 강자가 약자를 잡아먹고, 다수가 소수를 억압하는 이런 현상들이 꼬리에 꼬리를 물고 나타나겠다고 생각한 것입니다. 결국에는 지혜로운 자가 어리석은 자를 속이고, 고귀한 자가 비천한 자를 죽이기에 이른다는 것이고요.

그런데, 이 생각을 한번 해 볼까요? 묵자에게 하나님이 있었습니까? 한편에서는 연관을 지으려고 하지만, 없었다고 봅니다. 묵자에게 내세에 대한 기대가 있었을까요? 없었습니다. 묵자에게 천국에 대한 소망이 있었을까요? 없었습니다. 묵자에게 상급이 있나요? 없습니다.

아무런 보상이 없어요. 그런데도 저는 너무나 신기하고 또 정말 감동한 것이, 어떻게 2,500년 전에 태어난 사람이 예수님 말씀을 먼저 했는지? 이런 생각이 들었기 때문입니다. 게다가 이 사람은 이론으로만 그쳤던 것이 아니고, 정말로 자신은 어렵게 살면서 그의 제자들과 함께 실천하면서 행동으로 옮겼거든요.

저도 세종에서 묵자를 연구하는 분을 만난 적이 있습니다. 기독교와 정말 유사한 게 묵자의 사상이었다고 합니다. 그분 말씀에 의하면, 이분이 묵자 연구를 위해 중국에 갔는데 중국에서는 묵자의 사상을 다 덮어버리려는 시도가 지금까지 있었다고 합니다.

그래요. 2천 년을 덮어왔습니다.

왜 덮었을까, 의아하게 생각하면서 연구를 깊이 하면 할수록 묵자가 한 민족과 관련이 많다는 결론을 얻었다고 합니다.

그런 이론도 하나 있긴 하지요. 그런데, 그보다는 묵가 사상 자체가 전반적으로 지배계층 처지에서는 반국가적인 내용이 많았고, 공자가 주장한 유교는 기득권층을 위한 학문이었기 때문에, 한나라에 들어와서는 묵가 학파 자체를 절멸시킬 정도로 핍박했다고 하죠.

아, 그렇군요. 또 한 명, 기독교와 비슷한 관점의 가치관을 가졌던 역사상 인물이 소크라테스였던 것 같습니다. 저도 키르케고르 공부를 하는 중에 새롭게 알게 된 부분인데요, 키르케고르가 일종의 자서전인 《저자로서의 관점》이라는 작품을 남긴 바 있는데, 여기에서 소크라테스에 대해 언급하고 있습니다. 당시 그리스는 다신론 사회였는데, 소크라테스는 유일신 사상을 가졌었다고 합니다.

그랬어요.

아, 목사님께서도 알고 계셨군요. 소크라테스가 섬겼던 유일신이 다이몬이라는 신이었는데, 기도하다가 다이몬의 음성을 듣고 왔다면서 사람들에게 그 말을 하면서 돌아다녔다고 합니다. 다신론 사회에서 그 사람을 미쳤다고 할 수밖에 없었을 것 같습니다. 이걸 두고, 키르케고르는 소크라테스가 예수님 오시기 전의 크리스천이었을 가능성이 있다는 관점을 펼치는데요, 어느 정도 일리는 있어 보였습니다. 사형을 당한 이유 중에 가장 큰 이유는 바로, 이 유일신을 섬겨서 다신론 사회를 어지럽혔기 때문이라고 보고 있었습니다. 예수님께서 오시기 전 사람들임에도, 묵자나 소크라테스 이런 분들은 크리스천적인 사고를 했던 것으로 보입니다.

다시 묵자 이야기로 돌아가면, 묵자는 귀신의 존재는 인정했지만, 하나님이나 내세에 관한 생각은 없었던 것으로 보입니다. 자기한테 아무런 이익이 없는데도, 어쩌면 평생을 그토록 이웃을 사랑하면서 힘들게 살았던 것인지, 제가 오히려 그분이 미안하고 고맙고 그렇습니다. 정작 묵자는 다른 사람에게 이웃으로 대접받은 적이 없었다고 해요. 아까도 말씀드렸지만, 큰 나라에서 작은 나라를 공격한다고 하면, 자신의 목숨을 걸고 찾아가서 전쟁을 막아줬잖습니까? 그래서 그 작은 나라가 묵자의 덕을 보고 공격을 안 당하게 된 것이잖아요? 그런데도, 묵자가 비를 피하러 그 성에 들어갔는데도, 도리어 내쫓김을 당하는 그런 억울한 일도 당했다는 일화도 있더라고요.

그런데도 묵자는 이렇게 아무런 대가도 보상도 없이, 오직 이웃 사랑을 실천하면서 평생 살았습니다. 그 제자들도 그렇게 했고요. 그런데 왜 우리 예수 믿는 사람들은, 내세가 있고, 천국이 있고, 상급이 있는데도 이 묵자 한 사람보다 더 사랑하지 못하느냐, 이런 생각이 들었습니다. 저 자신도 목사인 것이 이 사람 앞에서 부끄럽게 여겨졌습니다.

호찌민을 통해 배워봅시다

아까 목사님께서 '목사님을 부끄럽게 한 사람들'이라고 말씀하셨는데, 그런 사람이 또 있다는 말씀인 거죠?

저를 부끄럽게 한 사람이 또 있는데, 이분이 베트남의 지도자였던 호찌민입니다. 이 사람은 베트남의 독립과 자유와 결혼했다고 할 정도로, 평생 결혼도 하지 않은 채, 자기의 모든 걸 희생해서 오직 민족을 위해 살았다고 합니다. 이 사람에게도 역시, 내세? 그런 거 없습니다. 우리말로 하면 이 사람 빨갱이지 않습니까? 이런 유물론자도 자기의 생명과 전 생애를 인민에게 바쳤는데 하물며, 하나님 믿고, 천국 상급이 있는 우리가 이런 사회주의자보다는 나은 삶을 살아야 할 거 아닌가 그런 생각이 들었습니다.

그렇다면, 우리의 믿음은 과연 무엇이냐? 하는 겁니다. 결국, 우리 크리스천들이 이 땅에서 천국을 회복하자는 이 독립군 정신을 잃어버린다면, 우리는 정말 사회주의자보다 못하고 한 마디로 아무것도 아니라는 겁니다.

제가 예전에 사과하러 베트남에 다녔다고 했지요? 아주 옛날 일이다 보니, 지금 베트남 사람들은 또 어떤지 모르겠는데, 그 당시만 해도 이 사람들이 서로 싸움이 일어나고 해결이 안 되면 호찌민이 뭐라 그랬냐? 이렇게 서로 얘기하고 호찌민의 말로 결정을 내렸답니다. 지금도 존경심을 담아 친근하게 '호 아저씨'라고 부르고 있고요.

그런데 우리는 어떻습니까? 가령, 교회에서 싸우다가 하나님께서 뭐라고 말씀하셨냐? 하면, 우리는 무시해 버리고 안 듣습니다. 오히려 세상 법정에 싸움을 들고 나갑니다. 호찌민 평전에 의하면, 호찌민 누나도 호찌민에게 오리 두 마리와 달걀 스무 개를 선물로 가져가서 한 번 만난 후에는 죽을 때까지 동생을 찾아가지 않았다고 합니다. 호찌민역

시도 누님 장례식에 가지 못했고요. 일가친척 이런 사사로운 감정에도 얽매이지 않고 오직 민족만을 사랑하기 위해 자신의 모든 것 다 희생했다고 해요. 일국의 주석이기 때문에 체면을 위해서 옛 프랑스 총독 관저에서 살아달라는 간청도 듣지 않고, 관저에 딸린 움막에 살면서 시중드는 사람들도 다 물리치고, 철저하게 금욕주의자로, 무소유를 실천하면서 마치 성자 같은 삶을 살다 갔다고 합니다. 이 사람은 사회주의자인데, 하나님이 있었을까요? 천국 상급이 있었을까요? 없었어요. 오직 인민을 섬기고, 오직 인민만을 위해 자기 한 몸 철저하게 희생해서 한 평생 살다, 지팡이와 고무신 한 짝 남기고 죽었다고 하지요? 이토록 철저히 인민을 섬겼어요. 오직 인민만을 위해 살다 갔습니다.

우리는 어떻습니까? 하나님도 있고, 내세도, 천국 상급도 다 있는데도 이웃 사랑은커녕 오히려 크리스천이 더 욕심 많고 이기적이라는 말 듣고 살지요? 게다가 목사님들과 장로님들도 교회와 성도를 섬기기는커녕 오히려 군림하고 대장 노릇 하고 살지요. 이분들 모여서 자기 소개할 때 뭐라고 합니까?

"아무 교회를 섬기는 아무개 목사, 장로입니다."라고 하죠? 대장 노릇 하면서 본인만 섬긴다고 혼자 착각하는 겁니다. 목사나 장로가 호찌민처럼 살면, 그게 성도를 섬긴 거예요. 저가 교회에서 장로 임직식 때 이런 부탁을 한 적이 있습니다.

"저는 목사로서 장로님들께 큰 기대 하지 않습니다. 집사도 주의 일 할 수 있습니다. 그런데도 굳이 장로로 직분을 세우는 것은, 이 세상이 그렇게 명예로 세워져 가기 때문입니다. 세상에 나가서 사고 치지 않도록 언행을 특별히 조심히 해주시기를 바랍니다."

요즘 큰 사건 뒤에는 교회 장로님들이 관여된 일들이 많이 있고, 목사님들까지 합세한 것 같아요. 내가 천국 독립군으로 하늘나라 회복을 위해 앞장서서 노력해야 한다는 그 생각 자체가 없기 때문입니다.

호찌민도 비록 크리스천은 아니었지만, 그의 삶의 행적만큼은 우리 기독교인들이 본받아야 할 것이 많다는 생각이 듭니다.

그런데 오늘날 우리는 어떻습니까? 천국 독립군인데 독립운동을 전혀 안 해요. 오히려 귀족 노릇만 해버렸단 말입니다. 다시 우리가 일어설 길은 특히나 목사님과 장로님들이 천국 독립군의 마음으로 돌아가서 다시 한번 각오하고, 다시 한번 진정한 삶으로 보여 주셔야 한다는 겁니다. 예수님께서도 분명히 말씀하시지 않았습니까? "청함을 받은 자는 많되 택함을 입은 자는 적으니라."(마 22:14)라고 말입니다.

지금까지 목사님께서 들려주신 이야기는 비록 크리스천들의 이야기는 아니지만, 삶으로 이웃사랑을 몸소 실천한 분들의 좋은 본보기입니다. 키르케고르가 《자기 시험을 위하여》에서 한 말이 생각납니다. 남녀가 사랑에 빠지면 마음이 격동하듯, 진정으로 믿음 안에 있는 사람은 행위 앞에서 마음이 격동한답니다. 야고보 사도가 야고보서 전체에 걸쳐 말하듯, 행함이 없는 믿음은 헛것이고 죽은 것이죠.

깨어 실천합시다

목사님께서 마지막으로 이 주제에 대해서 또 어떤 좋은 말씀을 들려주실지 기대가 됩니다.

제가 오래전에 목사와 장로들의 덕을 세우지 못할 만한 많은 행위로 인해 교회가, 기독교 전체가 욕을 먹는 모습에 많은 부담을 느끼게 되었습니다, 개독교, 먹사 등 기독교를 무시하고 깔보고 조롱하는 단어들이 세상에서 판을 치고 있지 않습니까?

제가 시무하던 은현교회 전 성도들만이라도 온 힘을 합해, 천국독립군으로 사는 삶을 살아내서, 우리가 지금 잘못 살고 있는 것 때문에 땅에 떨어진 예수님의 명예를 회복해 드리고자 최선을 다하는 것이 도리라고 생각하게 되었습니다.

교인들은,

첫째, 새벽기도 일상화
둘째, 익명에 의한 헌신
셋째, 가정의 교회화
넷째, 전교인 비귀족화
다섯째, 종말론적 가치관으로 생활하기

이 다섯 가지를 꼭 지키면서 신앙생활을 하자고 다짐했고요.

교역자들은,

첫째, 천국 독립군의 마음으로 교회를 사랑할 것
둘째, 하루 3시간 이상 기도할 것
셋째, 무소유 할 것
넷째, 예수가 방법인 것을 믿을 것
다섯째, 십자가에서 뛰어 내려오지 않고 예수님처럼 십자가 위에서 죽을 것

처음에는 저뿐만 아니라 모든 성도가 이런 삶을 살고자 스스로 노력을 참 많이 하였고, 40일 특별 새벽기도회, 21일 다니엘 새벽기도회 등으로 실천하기 위해 노력하면서, 자신에게뿐 아니라 서로에게 채근도 하면서 조금씩이나마 변화하는 모습이 보였습니다.

그런데 갈수록 교역자들부터 이 내용을 지켜나가는 것을 힘들어하고, 하나둘씩 포기하고 형식적으로 하는 시늉만 하는 사람들이 나타나기 시작했습니다. 교인들 역시 담임 목사가 의지로 강하게 끌고 나가자, 그나마 뜻있는 소수는 선한 싸움을 열심히 싸우면서 나아갔지만, 그렇지 못한 다수의 분이 갈수록 흉내만 내는 상태에 이르렀습니다. 게다가 그 시기와 맞물려서 예배당을 신축하고 교회 성장과 부흥에 열중하다 보니 천국 독립군의 소망과 실천은 점점 멀어져 갔고, 결국 교회가 부흥되다 보니 저 자신부터 영혼에 기름기가 끼어 몸과 마음이 둔해지기 시작하였습니다.

처음에, 이 지역을 변화시키는 데 은현교회 한 교회만의 노력으로는 힘이 드니, 우리와 같은 뜻을 가진 교회가 이 지역에 최소한이라도 10개 정도만 되면, 더 효과적으로 하나님의 뜻을 이 땅 가운데서 이루어 드리고자 하는 교회의 목적을 앞당겨서 이룰 수 있겠다고 생각했습니다.

그 방편으로, 부목사님과 자원한 교인들로 4개 교회를 분가시키고, 성도들의 천국 독립군으로서의 사명을 이 땅에서 잘 감당해 내도록 돕기 위해 나름대로는 제가 목사로서 노력한다고 한 것은 있습니다. (물론, 이 또한 오직 주님께서만 저를 판단하시겠지만 말입니다)그러나 생각했던 것보다 열매는 너무 적었고, 저 자신부터 점점 주님에 대한 열심이 식어가면서, 마지못해 형식적으로 목표를 이뤄 나가려 하는 모습으로 변해가는 듯했습니다. 그동안은 저 나름대로 '목사는 이 정도의 삶은 살아내야 한다'라는 기준을 가지고, 나름대로 반듯하게 열심히 산다고 살아왔는데, 어느새 저 자신은 부흥한 교회의 거드름 피우는 목사가 되어 있었고, 자칭 교회의 대장이 되어 '교회 일이라면 뭐든지 내 마음대로 할 수 있다.'라는 생각이 제 안에 깊이 뿌리 내리고 있는 듯했습니다. 이런 생각이 미칠 때면, 나름대로 반성하면서 주님께 회개하고, 고치겠다고 번번이 마음을 고쳐먹었지만, 이미 저는 탈선한 열차처럼, 제가 기존에 가지고 있던 '기준'을 지키는 선로로 재진입하기가 힘들었습니다. 애통해하는 마음으로 기도드리면서, 인간적으로도 고민하고 또 고민하여 내린 결론은 '조기 은퇴'였습니다. 저 말고 다른 합당한 후임 목사님이 와서, 은현교회가 천국 독립군 사명을 감당하도록 섬기며 돕도록, 제가 일찍 자리에서 물러나는 것이야말로, 주님 앞에서의 최소한의 저의 도리라고 생각한 것입니다. 저만큼 온전히 주님 은혜로 일평생 편하게 살아온 복을 누린 백성이 또 있을까 할 정도로, 저는 정말 하나님 은혜를 많이 받고 또 체험한 사람이지요. 조기 은퇴를 통해 하나님의 은혜에 보답하는 것이 최소한의 도리이겠다 생각되어 60세에 은퇴하였습니다. '하나님 마음에 드는 사람은 있어도 내 마음에 드는 사람은 없을 것 같아' 은현교회 담임 목사 청빙 공고를 내고, 여러분 중에서 제비뽑기로 결정하기로 하였지요. 청빙 공고에 담은 조건은 다음과 같았습니다.

첫째, 천국 독립군의 마음으로 교회를 사랑하실 분

둘째, 하루 3시간 이상 기도하실 분

셋째, 무소유를 실천하실 분

넷째, 오직 예수가 방법인 것을 믿으시는 분

다섯째, 아무리 힘들어도 도중에 십자가에서 뛰어 내려오지 않고, 예수님처럼 십자가상에서 죽을 각오가 된 분

여섯째, 2년마다 부목사님과 자원하는 교인들로 교회를 분가시키실 분

일곱째, 은현교회 정관에 동의하시면 교단 불문(이 정관의 핵심은 장로는 5년, 목사는 6년에 한 번씩 재신임을 묻는 투표할 것)

36명의 목사님이 은현교회 담임을 맡겠다고 지원하였고, 그 가운데 여덟 명을 청빙위원회에서 추천했습니다. 마지막 단계에서는 세 명을 당회에서 추천하였고, 이분들 중에서 예배 시간에 성도들 앞에서 공개적으로 제비뽑기하여 최종적으로 담임 목사님이 결정되었습니다. 은현교회는 순복음교회인데 장로교회 출신 목사님이 결정되었습니다.

그러나 결국, 기대했던 목사와 장로들이 사람이 보기에도 정직하지 못하고 욕심이 많다는 생각이 들었는데 하나님께서 보시기에는 얼마나 더 마음 아프셨을까 생각이 드는 경우가 많이 생겼습니다. 의로움보다는 이로움을 따른 나머지 욕심과 교만의 노예가 되어, 자기들이 섬기던 교회를 흔들고 교인들에게 상처를 주어 교회를 떠나게 만들던 모습들이 제 마음에 오랫동안 아픔으로 남아 있습니다.

천국 독립군의 꿈도 갈수록 멀어져 가고 있습니다. 천국 독립군의 사명이라는 것이, 인간의 노력으로, 혹은 단체의 구호로, 더욱이 누구의 강요로 감당할 수 있는 것이 절대 아니라는 것을 점점 더 깨닫고 있습니다.

하나님이신 예수님께서 철저하게 자기를 부인하시고, 죄 없으신 육신에 인간의 죄를 다 정하시고, 죽기까지 복종하셔서 인간 죄에 대한 희생제물이 되시지 않았습니까(빌2:6~8)? 우리도 철저하게 자기를 부인하고 날마다 성령님의 도움을 구하면서 우리의 중심을 보시는 주님의 은혜를 입어야 하되, 이 또한 성령님께서 역사해 주셔야만, 한없이 부족한 인간이 주님과 동행하고 동역하는 것이 가능하다는 사실을 뒤늦게 절감하게 되었습니다.

실패한 우리와는 다르게 변화에 성공한 나라

모두 아시겠지만, 독일은 1차, 2차 세계대전의 주범입니다. 1968년도에 세계적으로 68혁명이라는 혁명이 있었는데, 그동안의 모든 억압으로부터 해방하자는 운동이었습니다. 독일도 이때 교육혁명을 일으켰습니다. 학생들끼리 경쟁시키는 교육은 야만적이라 정의하고, 그때부터 비경쟁 교육을 시작했습니다. 절대로 경쟁 못 하게 했습니다. 그러면서 고등학교와 대학교를 전부 평준화합니다. 대학교 등록금도 정부가 다 주기 시작했습니다.

그런데 대학교를 공짜로 다니긴 하는데, 또 이 안에서 가정 형편에 따라 누구는 공부만 하고, 누구는 아르바이트하면서 고학해야 하고 이런 상황들이 벌어지니까, 각 학생의 형편에 따라 한 달에 우리 돈으로 100만 원, 120만 원 이렇게 생활비까지 주게 되었습니다. 아르바이트하지 말고, 빈부 차별 없이 누구나 학교 다니면서 오로지 공부에만 전념할 수 있도록 도와주면서, 교육제도를 개혁했던 내용의 핵심은 다음 세 가지였습니다.

첫째, 권력의 억압에 저항해라.

둘째, 사회적 불의에 분노해라.

셋째, 약자의 고통에 공감해라.

나치독일의 유대인 학살과 만행과 잘못을 반성하고 철저히 제거하면서 변화된 독일에서 학생들이 이 교육을 받고 사회에 나오기 시작한 겁니다. 이후 독일이 시리아 난민 120만 명 가까이 받아들였습니다. 우크라이나 전쟁이 시작된 지난 2월부터는 지금까지 우크라이나 난민도 100만 명 이상 받아들이고 있습니다. 이 교육이 현실로 실현되고 있는 것입니다. 난민이 베를린 기차역에 도착할 때마다 자기 집으로 가자고 피켓을 들고 마중 나온 독일인들이, 난민 숫자보다 항상 갑절 이상이라고 합니다. 안타깝지만, 예수님께서 가르쳐 주셨던 것 아니었습니다. 나치의 만행을 통해 경험한 불의한 권력의 타락상을 막기 위해, 사회의 권력과 억압에 항거하고, 약자의 고통에 공감하라는 교육 덕분이었습니다. 독일에는 이른바 엘리트라고 하는 사람들 가운데서 오만한 모습은 결코 찾아볼 수 없을뿐더러, 열등감을 가진 서민들 또한 거의 없다고 합니다. 모두 각자가 좋아하고, 또 하고 싶어하고, 자신이 잘할 수 있는 일을 할 수 있도록 독일 정부가 교육으로 지금까지 지원해 왔기 때문입니다. 이 교육이 어떤 교육입니까? 하나님께서 각 사람을 창세 전부터 예비하시고, 각 사람을 모두 다르게 한 사람, 한 사람, 귀한 계획을 세우고 창조하셨으며, 각각 맞는 달란트를 주셨으며, 이 지구상에 단 한 사람, 꼭 그 사람만이 할 수 있는 일을 하도록 각자에게 맞는 달란트를 다 나눠 주신, 창조주의 섭리에 기반한, 바로 그 교육이 아닙니까(사 43 : 1~7)?

그렇다면, 이러한 교육의 열매는 무엇이 되어야 할까요? 이사야서 1장 16절부터 17절 말씀을 함께 봅시다.

"너희는 스스로 씻으며 스스로 깨끗하게 하여 내 목전에서 너희 악한 행실을 버리며 행악을 그치고 선행을 배우며 정의를 구하며 학대받는 자를 도와주며 고아를 위하여 신원하며 과부를 위하여 변호하라 하셨느니라."

이렇듯 그런 일들은 예수님에게서 진리를 직접 배운 우리 천국 독립군이 마땅히 해야 할 일인데, 이 일을 한낱 정부 교육도 해내는데, 우리는 왜 못하는지 너무 부끄러운 일인 겁니다. 우리가 이 땅에서 잘 먹고 잘사는 것,

이것만을 흥청망청 누리고 즐기기만 했지, 하늘나라를 회복하겠다는 심정과 의지, 그 실천을 버렸던 거예요.

목사님 깨어 있으신 생각에 이 땅의 크리스천이면서 또 목사인 저부터도 정말 도전받습니다. 소수의 목소리지만, 목사님처럼 주님 앞에서 항상 깨어 있으신 분들께서 이렇게라도 목소리를 내고 있으므로, 그래도 이 마지막 시대와 한국 교회에 희망이 있다고 생각합니다.

충격은 줘야죠. 그래서 잠자고 있는 한국 교회와 리더들과 성도들이 주님께 죄송한 마음이 들고 잘못을 돌이키게 하고자 하는, 그런 소망이 있습니다. 미안한 마음이 드신 분 중에서도 오히려 저를 비난할 분들도 계실 거라고 각오하고 있습니다. 그렇다 하더라도, 이 땅에서는 이것이 설사 악역이라 하더라도, 주님 나라를 위해서는 제가 이 역할을 해야 한다고 생각합니다. 우리가 어찌 하나님의 한없이 크신 은혜에 자신의 힘과 능력으로 보답할 수가 있겠습니까? 비록 제가 예수님께 받은 은혜의 만분의 일, 천만분의 일, 그 이하도 안 되겠지만, 제 마음과 뜻과 힘을 다해 주님을 더욱 사랑하고, 은혜에 보답하는 길일 거로 생각합니다.

제주도 올레길에서 살인 사건이 난 적이 있습니다. 용의자로 의심되는 사람을 잡았는데, 이 사람이 살인범이라는 증거가 명백하게 되었습니다. 저도 이 사건 뉴스를 보고 충격을 받았는데, 살인사건이었던 이유도 있지만, 이 사람 엄마를 인터뷰한 뉴스를 보고 어쩌면 다른 관점에서 충격을 받은 것 같습니다. "세상이 다 내 아들이 살인범이라고 몰아간대도, 내 아들은 절대로 사람을 죽일 아이가 아니다. 얼마나 착한 아들인데, 내가 아플 때 원양어선 타고 돈 벌어다 내 치료비까지 대준 아들이 절대로 그럴 리가 없다. 내 아들은 절대 사람을 죽이지 않았다."라고 절규하면서 오직 혼자만 끝까지 이 아들을 믿고 감싸주는 거였습니다.

제가 이걸 보고, 예수님이 떠올랐습니다. 부활하신 후에 배신자를 찾아가셔서, 내 양을 먹이라고 하시면서 끝까지 믿어 주신 거잖아요. 세상 사람들은 차치하고서라도, 예수님의 방법대로 양을 먹이고 교회를 세워가야 하는 목회자야말로 실천해야 할 큰 덕목 중 하나가, 부사역자 포함한 성도들을 언제나 이렇게 사랑하고 믿어줘야 할 터인데요. 일 좀 못하면 바로 책망하고, 맡겼던 책임도 빼앗고 하는 일이 교회 안에서 부지기수로 일어나고 있지 않습니까?

제가 학부 때 경영학 시간에 카네기 지도론을 배웠습니다. 조직 내 생산성을 증가시키려면 임무 완성에 실패했던 사람을 만나서 다시 한번 상의하고, 조직에 실패를 가져온 바로 그 사람에게 다시 한번 그 일을 맡기라는 내용이었습니다.

맞아요. 우리는 사고 치면 바로 해고하거나 직위 해제해 버리지 않습니까? 카네기 지도론이 미국에서 시작한 이론인데, 일명, '네가 제일 잘 아니까 네가 수습해.'라는 방법인 거잖아요.

어느 날 한 파일럿이 비행기 쇼를 해야 했습니다. 그런데, 담당 정비사가 큰 실수를 하는 바람에, 그 비행기가 쇼를 위해 하늘로 올라가다가 갑자기 문제가 생겨서 시동이 꺼지는 대형 사고가 나게 된 상황이었습니다. 쇼는커녕 갑자기 낙하산 펴고 그만 비상착륙을 해 버릴 수밖에 없었습니다. 연료를 잘못 넣는 큰 실수를 해 버린 거예요.

"아! 내가 엄청난 실수를 했구나. 대형 사고를 치고 말았어! 나는 이제 여기서 끝이구나."

완전히 절망하여 파일럿의 처분만을 바라고 고개 푹 숙이고 있는 정비사에게, 그 파일럿이 터벅터벅 걸어오더니 이렇게 말했다고 합니다.

"당신 오늘 엄청나게 큰 실수를 했다. 그러나 이런 실수를 했기 때문에 다음에는 두 번 다시 이런 실수를 하지 않을 거다. 앞으로는 내 비행기만 전담해서 수리해 달라."

이런 파일럿이 있을까요? 이런 엄청난 무한 신뢰에 이후로 정비사는 이 파일럿에게 어마어마한 헌신을 한다는 얘기입니다. 이 파일럿이야말로, 베드로를 찾아가셨던 예수님처럼 사람을 세웠던 분이라고 생각이 들었습니다. 우리나라 사람들은, 일을 맡기기도 전에 이렇게 얘기하곤 합니다.

"너한테 내가 이 일 맡길 건데, 이거 실패하면 너는 죽어. 우리 회사의 운이 걸린 프로젝트야. 명심해."

시작도 안 해 봤는데, 이런 두려움이 있으면 이 일을 누가 맡고자 하겠습니까? 오히려 훌륭한 리더라면, 이것과는 정반대의 방법으로 끌고 나가야 한다는 의견이 있습니다.

"너 이거 원 없이 한번 해 봐라. 내가 너의 리더이니까, 네가 설사 실패한다고 하더라도 그 실패에 대한 모든 책임은 다 내가 진다. 걱정하지 말고 온 힘만 다해서 한번 해 보자!"

그러면 이 일을 맡게 된 사람은 실패에 대한 두려움이 없으므로 자신의 역량을 백분 발휘해서 오히려 더 잘해 낸다는 조언이었습니다.

정말 제가 그런 리더를 모신 직원의 입장이라고 해도 정말 눈물 날 정도로 정말 고맙고, 이렇게 나를 믿어주는 분한테 내가 목숨까지 바쳐도 좋겠다는 생각이 들겠는데요. 세상에서의 경영학도 우리에게 대단한 감동을 주는 이론을 펼치고 있지 않습니까?

그런데, 이런 무한신뢰를 해 주시는 분이 바로 우리 예수님이시잖아요?

세상을 창조하시고 다스리시는 분한테 내가 이런 무한신뢰를 받고 있다는데, 나는 왜 이런 믿음으로 다른 사람을 끝까지 믿어 주지를 못하는 걸까, 내가 이토록 큰 한없는 용서와 사랑을 늘 받고 있으면서도, 왜 다른 사람에게는 베풀어 주지 못하는 것일까? 저부터도 정말 너무너무 반성이 되는 지점입니다. 이것이 바로 예수님의 사랑이고, 기독교가 해야 하는 사랑이고요.

제게 있어서도 평생에 걸쳐 완수해야 할 가장 큰 숙제이면서, 모든 성도와 교회들의 가장 큰 과제라고 생각합니다. 오직 이 사랑만이 사람을, 또 세상을 변화시킬 수 있기 때문입니다.

네, 좋은 말씀입니다. 제가 말씀드릴 주제가 이제 마지막 하나만 남아 있습니다. '회개하라, 천국이 가까이 왔다.'입니다.

제 6 장

회개하라, 천국이 가까이 왔다

오늘날 진짜 필요한 것은 회개입니다

예수님께서 제자들한테 물으셨죠? "사람들이 나를 누구라고 하더냐?" 제자들의 대답이 시원치 않으니까, "그러면 너희는 나를 누구라 하느냐?" 묻습니다. 베드로가 이렇게 고백했습니다.

"주는 그리스도시오, 살아 계신 하나님의 아들이십니다."

그때 예수님께서 기뻐하시면서 천국 열쇠를 베드로에게 준다고 하셨고,

"네가 땅에서 매면 하늘에서도 매일 것이고, 땅에서 풀면 하늘에서도 풀린다." 이렇게 말씀하셨죠.(마 16:13~19)

"이제는 내가 누구인 줄 너희가 알았으니까, 이제는 가르쳐 줄게. 내가 얼마 있다가 많은 고난을 겪어서 죽었다가 사흘 후에 다시 살아날 거다."

이때 베드로가 예수님께 막 항의하잖아요. "당신이 가버리시면, 우리는 어쩌라는 겁니까? 닭 쫓던 개 지붕 쳐다보게요?"

막 이런 식으로 예수님을 꾸짖다시피 하니까 예수님께서 베드로를 사탄이라고 하십니다. "너는 하나님의 일은 생각하지 아니하고 사람 일만 생각하는 자다."(마태복음 16장 21~23절) 그러니까 아무리 신앙 고백하고 천국 열쇠를 가져도 사탄이 될 수가 있습니다. 하나님의 일인지 사람의 일인지를 우리도 잘 분별해야 합니다. 그리고 예수님께서 또 말씀하십니다.

"너희들 잘 들어라. 누구든지 나를 따라오려거든 먼저 너 자신을 부인하

고 날마다 자기 십자가를 짊어지고 따라와야 한다."(마 16:24)

그런데 그 말씀을 제자 중 아무도 못 알아들은 것 같습니다. 예수님께서 고난 겪기 시작하니, 제자들은 다 예수님을 버리고 도망가 버리거든요? 그렇게 가르쳐줬는데도 다 배신해 버립니다. 부활하신 예수님께서 다시 나타나셨을 때,

"야! 인간들이 왜 의리가 없냐? 내가 3년이나 가르쳤는데도 그 모양이냐? 내가 귀에 못이 박히도록 말했었잖아. 처음부터 다시 배워!"

이렇게 안 하셨습니다. 저 같아도 그렇게 할 것 같은데 말입니다. 그러나 예수님께서는 책망도 아니 하시고, 재교육도 안 하시고, 딱 한 마디만 말씀하셨습니다. "성령 받아라!" 그러나 제자들은 성령이 무엇인지도 모르죠. 예수님께서 승천하시기 전에 다시 말씀하십니다.

"예루살렘을 떠나지 말고 내게서 들은바 아버지께서 약속하신 성령을 기다려라."(행 1:4)

이 사람들 성령이 뭔지는 모르지만, 예수님 명령이니까 기다렸는데, 열흘 동안 기다렸습니다. 예수님 승천하신 후부터 오순절까지. 그러면 그 열흘 동안 기다리면서 이 사람들은 무엇을 했을까요? 오로지 기도에 힘썼더라고 성경 말씀에 나옵니다. 침례 요한이 제일 처음 외쳤던 말. 예수님께서 제일 처음 외치셨던 말이죠?

"회개하라! 천국이 가까이 왔다." 철저히 회개했습니다. 회개한 후에 성

령님께서 임하십니다. 성령님의 역사로 이들에게서 자기 부인이 이루어졌습니다. 사람들 가운데 하늘나라가 회복되었습니다. 돈독이 올랐던 사람들이 부동산을 처분하여 가난한 이들과 서로 나눠 쓰고, 서로 예수님 최측근 되겠다고 권력다툼을 하며 싸우던 사람들조차도 한마음 한뜻이 되었습니다.

회개의 목적은 다른 데 있는 것이 아닙니다. 거룩하신 성령님께서 내 안에 오실 수 있도록 내 마음과 생각을 청소하는 것이죠. 회개를 통해 내가 깨끗해지면 내 안에, 또 이 세상에 하늘나라가 회복된다는 것입니다. 제자들이 이후로는 예수님을 위해서 고난을 겪고, 예수님을 위해 희생하고 매를 맞아도, 죽기까지 하면서도 이를 영광으로 알게 되었습니다.

"나 전도 안 해. 더럽고, 치사해서 못 해 먹겠어."

이게 아니라 예수님 때문에 고난 겪는 것을 영광으로 알았습니다. 오늘날, 이 마지막 시대에 가장 필요한 것이 바로 회개입니다.

네, 목사님 맞는 말씀입니다. 회개하지 않는 사람을 하나님께서 어떻게 쓰실 수 있겠습니까?

예전에는 부흥회를 월요일부터 토요일 새벽까지 했습니다. 월요일부터 수요일까지는 무조건 회개하라는 말씀만 외쳤습니다. 목요일부터는 말씀을 가르치고, 이후에야 복을 빕니다. 언제부터인지 유명한 부흥 강사들이 밀려드는 부흥회 초청에 다 응할 수가 없게 되니, 한 교회에서 3일씩만 부흥회를 인도하여서 한 주 동안 두 군데 교회에서 부흥회를 인도하다보니 말씀을 전할 수 있는 시간이 너무 짧아, 교인들이 부담스러워하는 회개의 주제를 빼 버렸습니다. 또 지금 교회들도 회개하라고 외침을 싫어하고 있고요.

명분은 좋습니다. 교인들이 살아보겠다고 애쓰면서 세상에 나가서 일주일 내내 시달렸는데, 교회에 나와서까지 책망받으면 되겠느냐면서, 교회에서는 오직 위로만 해 준다는 겁니다. 회개가 없어졌습니다. 청소가 되지 않은 곳인데, 당연히 성령님께서 역사하질 않죠. 회개를 해야만 이 땅 가운데, 교회 가운데, 가정 가운데 성령의 역사로 천국이 이루어지는데, 오늘날 한국교회가 회개를 잃어버렸단 말입니다.

성령으로 변화됩시다

그러면서 지금 우리는 자신들의 부족한 모습들을 정당화하고 있어요. "목사는 사람 아닌가? 장로는 사람 아닌가? 어쩔 수 없어."

"아무리 예수님 믿어도 타고난 성품은 못 고쳐. 이것도 다 하나님이 주신 거야. 하나님도 성품은 못 고쳐 줘"

이렇게 합리화만 할 뿐, 자기 가시를 고치지 않고 얼렁뚱땅 넘어가면서 결국 여기까지 온 것입니다. 아까도 말씀드렸지만, 짐승조차도 조련사가 훈련하면 엄청난 묘기를 부리는 경지에까지 이르는데, 우주에서 가장 위대하신 조련사인 하나님께서 창조하신 동물 중에 가장 지능이 뛰어난 우리 인간들은 왜 변화시키지 못하시는 걸까요? 우리가 순종하지 않아서 그렇습니다.

로마서 12장 1절부터 2절 말씀 함께 보실까요?

"그러므로 형제들아 내가 하나님의 모든 자비하심으로 너희를 권하노니 너희 몸을 하나님이 기뻐하시는 거룩한 산 제물로 드리라. 이는 너희가 드릴 영적 예배니라. 너희는 이 세대를 본받지 말고 오직 마음을 새롭게 함으로 변화를 받아 하나님의 선하시고 기뻐하시고 온전하신 뜻이 무엇인지 분별하도록 하라."

그런데도 우리는 변할 수 없다고 스스로 말합니다. 분명히 하나님께서는 우리에게 변화를 받으라고 말씀하셨는데도, "우리 힘으로 안 됩니다. 아무리 결심해도 안 됩니다. 손가락을 잘라도 안 됩니다. 오직 성령께서만 나를 도울 수 있어요. 육체의 원하는 바가 계속해서 나오지 않습니까?"

이렇게만 핑계들을 대고 있어요. 이렇게 지저분한 인간이 어떻게 하면 그렇게 거룩해질 수 있습니까?

우리 주님께서는 갈라디아서 5장 16~26절 말씀을 통해 우리에게 밝히 말씀해 주고 계십니다. 성령으로 거듭나니까 성령께서 그 인간을, 사랑과 희락과 화평, 인내, 자비, 양선, 충성, 온유, 절제의 사람으로 변화시켜 주시는 것이죠. 인간을 하나님의 형상대로 하나님께서 만드셨다고 했잖아요?

그럼, 하나님의 형상이란 것이 과연 어떤 것입니까? 바로 예수 그리스도의 삶입니다. 사람이 성령으로 거듭나서 육신의 원하는 바를 버리고 성령의 열매를 맺으면, 그 삶을 통해 예수님의 삶이 이루어지고, 결국 인류가 하나님의 형상을 회복하는 일이 일어납니다. 오늘날 우리가 이 일에 실패한 원인이 회개를 잃어버렸기 때문입니다.

순복음교회가 더 앞장서서 결정적으로 실수한 것인데요, 결국 오늘날 한국교회의 이런 폐단을 만들어 내고 말았습니다. 1960년대, 70년대, 조국 광복 후에 전쟁을 바로 겪었고, 말할 수 없을 정도로 가난한 시절이었던 그때, 가난한 사람들은 시골서 보따리 싸서 무조건 서울로 몰려들었습니다.

그 시절, 순복음 교회에서 이 사람들에게 희망의 복음을 전했습니다. 몸이 아파도 병원 갈 형편이 안 되는 시절, 성령께서 주신 신유의 능력으로 질병을 치료해 주었습니다. 세상에 나가서 열심히 일하면, 하나님께서 무조건 복을 주실 거다, 먼저 물질 복을 한없이 부어 주실 거다, 이렇게 기도해 주었고, 또 기도하도록 이끌었습니다. 그러나, 앞으로는 당신이 건강하게 회복된 육신을 가지고 어떠한 삶을 살아라, 당신이 받은 물질 복을 가지고 어떻게 선한 영향력을 끼치고 살아라, 이런 부분에 대해서는 알려 주지 않았습니다.

우리 예수님께서는 그 삶이 어떤 삶인지 말씀해 주셨습니다. 염소처럼 이웃을 외면하고 살지 말고, 오른편에 있는 양처럼 이웃을 사랑하고 살라고요. (마 25:31~46)

땅에다 보물을 쌓지 말고 하늘나라에다 보물을 쌓으라고 분명히 가르쳐 주셨잖아요(마 6:19~21). 그런데, 순복음교회는 오직 은사만, 현세에서 받는 축복에만 중점을 두고 가르쳤던 겁니다. 예수의 인격과 성령의 열매는 외면해 버렸습니다.

"사랑하는 자여 네 영혼이 잘됨같이 네가 범사에 잘되고 강건하기를 내가 간구하노라(요삼 1:2)"라는 말씀에서 "영혼"은 망각하고 범사가 잘되고 강건하기만을 강조하는 실수를 하였습니다. 다 그렇다는 말은 아닙니다만, 성령께서 주신 은사 받아서 부흥회 다니시고 신유 능력을 많이 행하신 목사님들이 간혹 보면, 더 교만하고 더 욕심부리는 경우도 많이 보았습니다.

예수님의 성품인 정직, 겸손과 온유를 우리 안에서 찾기가 많이 힘들어졌습니다. 왜 이렇게 되었을까요? 주님께서 주신 은사와 축복에만 머물러버렸고 열매 맺는 일까지 못 가 버린 것입니다. 우리가 예수 그리스도의 십자가 아래에 무릎 꿇고 나 자신을 철저히 회개한 후에만, 오직 성령으로 거듭나게 됩니다. 예수께서 사셨던 온유와 겸손의 이 삶을 내 삶을 통해 실천하는 것만이, 나도 예수 안에서 살고, 교회도 살리고, 대한민국도 살리는 유일한 길입니다.

맞는 말씀입니다. 제가 목사님 말씀을 요약해 보겠습니다. "회개 없는 성령 없고, 성령 없는 실천 없다." 성령의 운동을 이외의 다른 것으로 변질시키지 말아야 하는 것이 사역자의 과제로 보입니다.

에베소서 2장 10절 말씀 보실까요?

"우리는 그가 만드신 바라 그리스도 예수 안에서 선한 일을 위하여 지으심을 받은 자니 이 일은 하나님이 전에 예비하사 우리로 그 가운데서 행하게 하려 하심이니라."

이러한 예수님께서 우리를 사랑하시되 끝까지 사랑하고 계시고(요 13:1), 그 사랑을 너희가 받았으니, 너희도 그 사랑을 실천하라고 하시거든요(요 13:34~35).

예수님께서 최후의 만찬을 드시면서, "내가 고난을 받기 전에 너희와 함께 이 유월절 먹기를 원하고 원하였노라(눅 22:15)." 라고 말씀하신 것은 이것을 제자들에게 반복 교육해서, 당신께서 십자가에서 고난 겪으시는 것은 그저 억울하게 죽는 것이 아니고, 너의 죄, 너희의 죄, 인류의 죄를 대신해서 값을 치르신다는 이 대속의 사건을 교육하고 부활을 교육하고자 하신 것입니다.

키르케고르도 말했지만, 절대적으로 절망한 다음에야 희망이 등장한다고 하죠. 예수님을 배반했던 제자들, 그들은 예수님께서 십자가에 달려 돌아가신 것까지 보고는 그런 '절대 절망'에 빠져버렸습니다. 예수님께서는 부활을 통해 그들에게 다시 희망을 심어주셨습니다. 그런데 희망은 받았고 사명도 받았는데, 이제는 그 사명을 행할 힘이 없는 거예요. 이 목사님 옛날에 혹시 지게질 해봤습니까?

어렸을 때 시골에서 해 봤습니다.

무거운 걸 등에서 졌을 때, 일어서기만 하면 갈 수가 있어요. 그런데 너무 무거울 때는 일어날 수조차 없어요. 그때 누가 뒤에서 밀어줘서 일어나기만 하면, 그걸 지고 걸어갈 수 있단 말입니다. 그 힘이 바로 성령의 능력입니다.

와! 목사님의 비유가 정말 쏙쏙 와 닿습니다.

내가 이제는 다 알았고 결심도 했고 행하고도 싶어요. 그런데 행할 힘이 없습니다. 바로 그때 성령께서 나를 찾아오십니다. 나를 일으켜 세워주고 힘을 주시면, 그 성령의 능력을 힘입어 내가 먼저 변화되고 우리가 변화되고, 나아가 세상을 변화시킬 수 있는 능력이 일어나는 것입니다. 그런데 이 성령은 내가 철저하게 회개하지 않고는 절대로 오실 수가 없습니다. 그런데 오늘 교회에서 또 세상에 나가서도 종종 문제를 일으키는 사람들은 회개하지 않았기 때문에 이렇게 된 것입니다. 성령은 거룩한 영이기 때문입니다. 성령을 사모하긴 하지만, 회개하지 않은 사람 안에 무엇이 역사하겠습니까? 더러운 것에는 악령이 찾아오는 법입니다. 사탄에게 속게 되는 것입니다. 성령은 깨끗이 청소된 곳에만 찾아오시니까 내가 먼저 철저히 회개하고 성령의 능력을 힘입어서 세상을 이기는 자가 되어야지 않겠습니까? 나 한 사람, 한 사람이 모여서 세상을 이기면, 우리가 모두 함께 세상을 이길 수 있게 되는 것입니다.

지금까지,

'하나님의 은혜를 알자,
생각을 생각하자,
하나님과 나 사이를 지키자,
하나님은 자판기가 아니다,
천국 독립군이 되자.'

라는 주제로 먼저 말씀을 드렸잖아요?

이것이 완성되기 위해서는 성령의 도움 없이, 내 의지와 능력만으로는 절대 안 됩니다. 예수님께서 제자들을 3년 동안 데리고 다니시면서 가르치셨지만, 제자들은 무능했습니다. 그랬던 그들에게도 오순절 성령이 임하시니, 예수님께 배웠던 모든 것들이 그제서야 폭발하게 되었습니다. 예수님께서 말씀하시길, "내가 너희를 떠나는 것이 너희한테 유익하다. 내가 가야 성령이 오신다(요 16:7)."라고 하셨습니다. 이제부터라도, 우리가 다시 철저히 회개하고 성령님을 의지해서, 그 성령의 능력으로 새 삶을 시작해야 하겠습니다.

그 새로운 삶의 기준은 다른 것 없습니다. 무슨 거창한 것도 없습니다. 왼편 염소처럼 살지 말고 오른편 양처럼 서로 사랑하면서 사는 겁니다. 내 주변에 있는 가난하고 헐벗고 굶주리고 나그네 되고 병원에 입원해 있고 감옥 가 있는 사람들을, 내가 예수님께 받은 사랑으로 섬기면 됩니다.

이제는 정말 천국 독립군으로서 변화된 삶, 새로운 삶을 살기 원한다면, 나부터 먼저 철저하게 회개합시다. 그 이후에 깨끗이 청소된 곳에 주님께서 부어주시는 성령의 능력을 의지해서, 내가 변화되고 가정이 변화되고 교회가 변화되고, 결국 이 나라 대한민국 가운데 이 지구 가운데, 하나님의 나라와 천국의 평화가 임하도록 간구하며 노력해야 할 것입니다.

나부터 희망이 됩시다

오래전 얘기입니다만, 한국교회에 희망이 있는가? 하는 주제로 모임이 있었습니다. 입에 올리기도 너무 참담하지만, 그날 내려진 결론은 '이제는 더 이상 희망이 없다.'였습니다.

참석하셨던 한 분이, "기독교는 희망의 종교인데 희망의 종교에서 희망이 없다고 한다면 그것이 말이나 됩니까?"라고 말씀하셨습니다. 주최 측의 대답은 '희망이 없는데 희망이 있다고 하는 것처럼 위험한 일은 없습니다. 희망이 없는 것으로 결론짓는 것이 차라리 낫습니다.' 라는 것이었습니다. 그때, 기자 한 분의 말씀에 제가 빛을 보았습니다.

"희망이 없는데 희망을 찾으면 바보다. 남에게서 다른 데서 찾지 말고 자기 자신에게 물어보자. 나에게는 과연 희망이 있느냐? 자기 자신에게 희망이 있으면 희망은 있는 것이고, 나 자신에게 희망이 없으면 그것은 없는 것이다."

그때야 제가 깨달은 것이 있습니다. "희망을 찾으면 그건 바보다. 찾지 말고 내 자신이 희망이 되자. 그러면 희망이 만들어질 것 아니냐?"

그즈음에 또 제가 루쉰의 글을 알게 된 것입니다.

"희망이란
본래 있다고도 할 수 없고, 없다고도 할 수 없다.
그것은 마치 땅 위의 길과 같은 것이다.
본래 땅 위의 길은 없었다.
한 사람이 먼저 걸어가고, 걸어가는 사람이 많아지면
그것이 곧 길이 되는 것이다."

내가 먼저 희망이 되고, 내 옆에 한 사람 또 한 사람 변화되면 희망은 만들어지는 겁니다. 희망이라는 것은 찾으면 없는 것입니다. 제가 많은 목사님에게 물어봤습니다. "한국교회 희망이 있습니까?"

있다는 겁니다. "왜 있습니까?" "성경 말씀에도 있지 않습니까? 하나님께서 바알에게 무릎 꿇지 않은 7천 명을 남겨두었다고 말씀하셨습니다(열왕기상 19:18, 롬 11:4)." 그러면 "당신이 그 7천 명 가운데 한 명입니까?"하고 다시 질문하면 모두가 , "저 말고 다른 사람이 있습니다."라고 합니다.

그러면 희망은 없는 겁니다.

자신이 희망이 될 생각은 안 하고 다른 누군가 희망이 되어 주기만을 서로 원하고 있으면, 희망은 없습니다. 나부터 오늘 당장, 희망의 씨앗이 되겠다고 생각하고 노력하면서 길을 가면 됩니다. 한 명씩이라도 따라오면 길이 만들어지는 거죠. 그래서 지금 이 책이 필요합니다.

로마서 4장 18절 말씀이 생각납니다.

"아브라함이 바랄 수 없는 중에 바라고 믿었으니."

"Abraham in hope believed against all hope."

영어로 보면, 아브라함은 모든 희망에 반대된 희망을 품고 믿었습니다. 아브라함이 시험을 받을 때 아무런 희망이 없었잖아요? 하지만 희망 없는 희망을 품었습니다. 희망이 없는데 희망을 어떻게 품는지, 이것은 말이 안 되잖아요? 그런데 정말 믿음! 이 믿음이 있다면 희망을 품게 되는 것 같습니다.

다시 한번 말씀드리지만, 희망은 있는 것도 아니고 없는 것도 아닙니다. 내가 만들면 있고 내가 안 만들면 없는 거예요.

키르케고르의 《자기 시험을 위하여》에 나오는 내용이 생각납니다. 생명을 주는 영은 오신답니다. 단 내가 죽었을 때만 오신다는 거지요. 생명을 주는 영이 오히려 나에게 죽음을 먼저 요구하십니다. 그때만 성령께서 세 가지 선물을 갖고 오십니다. 믿음, 소망, 사랑입니다.

이 중에 소망은 인간의 이해로는 발견할 수 없습니다. 성령께서 주시는 이 소망을 인간이 알아차릴 수 없는 이유는, 내가 이 세상에서 품었던 그동안의 모든 소망에 대해 나 자신이 온전히 죽었을 때만, 성령께서 전혀 새로운 소망을 갖고 와 주시기 때문이랍니다.

예수님께서 우리에게 세상의 소금이고 빛이라고 말씀하셨습니다(마 5:13~16). 소금 된 우리가 소금 맛을 내려면, 먼저 예수님의 마음을 품어야 합니다. 곧 겸손하고 온유한 마음이지요. 자기를 부인하고 날마다 자기 십자가를 지고 예수님을 따르는 삶입니다(눅 9:23). 자기 자신조차도 자기 개인의 소유가 아닌, 하나님의 교회와 공동체를 위한 공유물이 되어야 합니다.

개인의 시간과 물질과 재능까지도 자기 소유가 아닌 교회의 소유로 생각하여 교회 공동체를 위해 먼저 사용하며, 하늘나라에 보물을 쌓는 삶으로 살아가야 합니다. 이렇게 함으로써, 오른편 양처럼 이웃을 위해 나누고 섬기는 삶이 자연스럽게 실천되어야 합니다.

그러나 자기를 부인하지는 못하고 나의 열심만 가지고 사역을 하는 분들은, 교회 공동체보다는 여전히 자기 자신과 가족만을 최우선 순위에 두며 이 땅에 보물을 쌓는 삶을 살기에, 하나님께서 값없이 주신 은혜를 혼자서 100%, 200% 다 누리다 못해, 심지어는 자식에게 교회를 세습하기까지 합니다.

주님께서 이 땅에서 목사나 혹은 장로로 불러주신 이들은, 천국 독립군이기에, 넓은 길, 편안한 길, 즐기고 누리는 삶, 이로운 삶, 이기적인 삶, 정당한 삶을 버리고, 좁은 길, 섬기고 나누는 삶, 불편한 삶을 감수하면서, 의로운 삶, 위대한 삶, 이타적인 삶을 살아야 합니다.

우리가 모두 다 죄인이었는데, 오직 주님의 값 없으신 십자가 대속의 은혜로 죄사함 받고 구원받고 주님 자녀가 되었으니, 주님께서 우리에게 맡긴 양들을 존중하고, 배려하고, 용납하고, 용서하며 또한 사랑하며 최선을 다해 돌보는 것이, 우리를 구원해 주신 주님께 최소한의 도리를 하는 것이기 때문입니다.

여기서 잠깐 이 목사님에게 질문을 하나 드려볼게요. 돈의 힘과 예수의 힘 중에서 어떤 것이 강합니까?

당연히 예수님 힘이 최강이지 않습니까, 목사님?

여기 돈을 사랑하는 사채업자가 한 명 있습니다. 이 사람은 돈 이외에는 모든 것은 부인하고 또 포기합니다. 낡은 잠바를 입고, 자전거나 버스를 타며, 늘 자장면으로 점심을 먹습니다. 돈을 써 가며 즐기고 누리는 삶 대신, 가난하게 살면서 오직 돈을 모으는 재미에만 빠져, 돈 이외의 세상 모든 것은 포기하고, 오직 이 삶에만 만족해하며 살아갑니다.

그렇다면 예수 믿는다는 목사, 장로들은 어떨까요? "예수 내 구주"를 외치며, 주 예수보다 더 귀한 것 없다고 찬송하면서, 하나님 은혜를 간증하고, 자기 삶을 오직 주님께 드린다고 고백합니다. 그런데도 교회가 마침 기다렸던 부흥이라도 하게 되고 사업에 성공하게 되면, 고급 승용차에 큰 주택, 비싼 옷, 교단 감투에 마음을 빼앗기게 되어, 입으로만 예수를 사랑한다고 하면서, 이 땅에서 천년만년 살 것처럼 욕심을 부리고, 누리고, 즐기고, 쌓아 모으는 삶을 살면서, 심지어는 자기 것이 아닌 직분과 교회까지도 자식에게 세습하기까지 합니다.

사도 바울은 세상의 것들은 오직 배설물로 여긴다고 했는데(빌 3:8), 많은 목사님, 장로님들은 사도 바울이 믿은, 같은 예수를 믿는다고 말은 하면서, 예수는 저기 먼 곳으로 던져놓고, 예수가 아닌 이 땅의 유한한 것들을 보물로 여깁니다.

그러나 이제는, 목사님들과 장로님들부터 진정한 천국 독립군이 되어서, 사채업자가 돈을 사랑하는 것보다 더욱 예수를 사랑하면서, 예수를 위해서는 모든 것을 포기하고 오직 배설물로 여기고, 예수님 명예를 이 땅에서 회복시키면서, 이 땅에 하늘나라를 회복해야 할 것입니다.

네, 목사님. 이렇게 귀한 자리에 저를 초대해 주시고 목사님과 대담할 기회를 주심에 진심으로 감사드립니다. 온전히 주님 은혜입니다. 이제는 이 대담을 마무리하면서, 정말 마지막 한 말씀 부탁드립니다.

첫째, 생각을 생각하여 나의 나됨이 전적으로 하나님의 은혜임을 깨달아, 받은 은혜가 진정한 은혜 되어 세상 가운데로 흘러가도록, 삶 가운데 온전히 하나님만을 높여드리며, 하나님을 경외하고 이웃을 사랑하여 오른편 양의 삶을 실천하여야 합니다.

나의 재능, 물질 등 모든 소유는 하나님께서 오직 은혜로만 공급해 주신 것이기에, 하나님께만 온전히 감사하면서, 하나님의 아들과 딸들로서 최소한의 생활과 품위 유지는 하되, 나머지는 가난하고 힘들게 생활하는 이웃을 위해 사용하여 하나님의 자녀로서 우리에게 주신 바 책임을 다하려고 노력하다 보면, 주님께서 우리 안에 잃어버린 구원의 기쁨을 회복시켜 주실 것입니다.

둘째, 아담 마음(교만, 욕심, 거짓)을 버리고 예수 마음(겸손, 온유, 정직)을 회복하여 나와 생각이 다른 사람도 존중하고 배려하고, 악하고 의롭지 못한 사람들도 무시 혹은 멸시하지 않고 긍휼히 여겨, 서로 용납하고 용서하여 주님께서 기뻐하시는 화해와 평화를 온전히 이루어 나가야 합니다.

예수님은 우리가 하나 되기를 원하십니다. 진보와 보수, 여야, 남자와 여자, 어른과 아이, 부자와 가난한 자, 높은 자와 낮은 자, 학식이 많은 자와 없는 자 누구라도, 서로 다름을 인정하고 존중하고 배려하여야 합니다.

악하고 의롭지 못한 사람들이라 할지라도 무시하거나 경멸하지 않고,

오직 예수님의 긍휼하심을 본받아 그들을 불쌍히 여겨서 용납하고 용서하여, 그들도 구원받아 새로운 삶을 살 수 있도록 도와주어서, 모든 사람을 끝없이 용서해 주시는 예수님의 은혜를 먼저 받은 자로서 그 은혜에 조금이나마 보답하여야 합니다.

셋째, 성령님의 역사하심으로 자신을 부인하고, 좁은 길에서 범사에 자족하고 감사하면서, 의롭고 이타적 삶을 실천하고 빛과 소금의 사명을 감당하면서, 이 땅 가운데 하늘나라를 회복하여야 합니다.

예수님께서 우리에게 빛과 소금이라고 하시면서 소금이 맛을 잃으면 길가에 버려져 사람들에게 능멸당할 것(마 5:13)이라고 말씀하셨습니다.

이 마지막 세대에서는 우리가 소금 맛을 잃어버리고 교회가 세상으로부터 비난받고 있는 상황입니다. 그러하기에 더욱 자신을 철저히 부인하고 넓은 길에서 좁은 길로 옮겨 가야 합니다.

정치인들 가운데 국회의원들이 비난을 많이 받고 있습니다. 실력 있고 학벌 좋고 경력도 화려하고 모두 능력 있고 애국심도 많은 분인데 말입니다. 그 이유가 무엇일까요?

철저하게 자기를 부인하지 못하고 있기 때문입니다. 국회의원들이 나라와 국민을 사랑하고 이를 위해 피나는 노력을 합니다. 그런데 이 모든 것보다 더 사랑하고 귀히 여기는 것이 있습니다. 이가 곧 재선, 3선, 4선입니다. 다음 선거에 또 당선되는 것이 최우선이 되기 때문에 국민에게 비난받으면서도 공천권을 줄 수 있는 권력에 매달려 부끄러운 일들을 하는 것입니다.

각 정당에서도 또한 정치인이 무능하고 장래성이 없어졌다면서, 선거 때마다 국회의원을 물갈이하자고 합니다. 30~50% 정도 비율을 차지하고 있는 인기 없는 다선 의원들을 공천에서 배제하고 새로운 인물들을 매회 공천하여, 매 국회 회기 때마다 초선의원이 30~50% 이상 되는데도, 정당이 새로워지고 정치가 새로워지기는커녕 점점 더 한심해져 가는 느낌이 듭니다.

그렇다면, 주의 일을 한다는 목사들은 다를까요? 어느 교회에서 어느 목사가 은퇴한다더라 하면, 그 교회의 새로운 담임 목사 자리를 맡으려고 수단과 방법을 안 가리고 장로들에게 로비하느라 야단입니다 금전 거래까지 하기도 하고요. 물론 다 그렇다는 말은 아닙니다.

은퇴를 앞둔 목사는 어떨까요? 후임 목사를 정할 때 교회에 가장 합당한, 정직하고 겸손하고 온유한 목사를 찾을까요? 아니면, 자신이 물러난 이후에도 이익을 줄 수 있는 목사에게 자리를 주려고 할까요?

장로들은 또 어떻습니까? 성령 충만하고 신실한 목사가 자기 교회에 부임하기를 원할까요? 아니면, 자신들과 친분이 있는, 혹은 자기들이 다루기 편한 사람을 목사 자리에 앉히기 원할까요?

이렇듯 누구라도 자기를 부인하지 않으면, 평생 사랑하고 섬기던 교회까지도 결국은 자기의 유익을 위해 이용하게 되는 것을 보게 됩니다.

　어쩌다가 한국 교회가, 나아가서 세계의 교회가 이런 지경에 이르게 되었습니까? 신학대학원에서 목사 될 자들의 사명감과 인격, 성품을 먼저 보기보다 먼저 점수로 학생을 뽑았고, 이런 사람들을 뽑아다가 그 머리에 신학이란 지식만 넣어주고, 정작 필요한 예수님의 정직과 겸손, 온유는 그 가슴에 넣어주지 못했기 때문입니다.

　교회에서 장로 임직을 줄 때도 마찬가지였습니다. 새벽기도, 십일조, 주일 성수를 빠지지 않고 잘해왔는지, 앞으로도 교회에 헌금 많이 하고 봉사 많이 할 사람일는지, 그런 것들만 기준으로 삼았을 뿐, 장로 될 자가 이웃에게 칭찬받는 사람인지, 정직하고 겸손하고 온유하며 베풀기를 즐겨하는 사람인지, 성경 말씀의 기준에 합당한지는 보지 않았기 때문입니다.

　제가 종종 하나님은 정말 좋으신 분이다, 하고 감탄할 때가 있습니다. 사이비 목사, 엉터리 장로들의 행태를 보면서 저런 사람들을 당장 벼락 때리지 않으시고 참아주시고 기다려 주시는 하나님은 정말 좋으신 분이구나!

　교회에서 목사나 장로들 사이에 다투고 갈등하는 것을 보자면, 세상에서도 그 전례를 찾을 수 없을 정도로 치사하고 야비한 수단과 방법을 다 동원하는 일들을 제가 많이 보고 듣고 했습니다. 저만 경험한 것은 아닐 거로 생각합니다. 마치 상대방이 나의 부모를 죽인 원수라도 되는 양, 그 집안까지 멸절시킬 것처럼 모질게 싸우기도 하고, 혹은 병들고 오갈 데 없는 목사에게 아무 대책도 마련해 주지 않고 교회에서 매몰차게 내쫓는 것을 보면, 정말 하나님은 우리에게 너무나 오래 참아주시는 분이심을 다시 한번 확신할 수 있습니다.

이제는 정말로 목사들과 장로들이 먼저 회개하고 변화 받아서, 좁은 길에서 불편함을 감내하고, 각자 처한 자리에서 의롭고도 이타적인 삶을 실천해야 할 때입니다. 주님의 집에서 중요한 직분을 가진 사람들이 본보기가 될 때, 언젠가는 우리 크리스천들을 통해 세상 사람들도 서로 돕고 배려하고 존중하고 이해하고, 또한 용납하고 용서하는 날들이 많아질 것이고, 결국 이 땅에서 주님의 나라가 회복될 것이기 때문입니다. 예수님께서 부활 승천하신 후의 오순절 다락방에서 시작된 초대교회들의 역사가, 지금 이 땅에, 먼저는 대한민국에서 다시 나타날 수 있기를 기도하고 기대하며 기다리겠습니다. 저부터 먼저 더욱 기도하며 노력하겠습니다.

1994년 이야기(부록)

하나님의 사랑을 아십니까?

이 세상에는 사랑의 이야기가 참 많습니다.

그 사랑의 이야기는 참으로 아름답고 감동적입니다.

산의 꽃처럼, 들의 내처럼 세상을 향기롭게 하며,

우리의 굳어진 마음을 잔잔히 적시는 그러한 사랑이 있기에 여전히 이 땅은 살만한 곳이 아닌가 하는 생각이 듭니다. 그러나 그 모든 사랑을 우리를 향하신 하나님의 사랑과 어찌 비교할 수 있겠습니까?

하나님께서는 사람과 데이트하기를 즐기셨고, 사랑의 밀어를 나누기 위해 에덴동산에 자주 찾아오셔서 아담과 함께 거니시는 때가 많았습니다. 하나님이 아담 마음 안에 있고 아담이 하나님 마음 안에 있을 때, 하나님께서 보시기에 좋았더라는 창조 세계는 더욱 아름다웠습니다.

그 사랑을 멀리하고 하나님 말씀을 거역한 아담과 하와에게 하나님께서는 가죽옷을 선물해 주기까지 하셨습니다. 그런데도 끝내 인간은 하나님을 배반하고 대적하더니, 마침내는 죄와 사망의 포로가 되는 불행을 자초하고 말았습니다. 이 때 눈에 보이지 않던 하나님은 예수님으로 성육신하여 인간을 사망의 권세에서 자유롭게 하셨으나, 우리는 그분을 십자가에 못 박아 죽였습니다. 그러나 하나님은 끝까지 포기하지 않으시고, 보혜사 성령님을 우리에게 보내주셔서 영원한 사랑 이야기를 만들어 주셨습니다. 주고받는 게 아니라 일방적으로 쏟아부으시는 하나님의 사랑이 성령님의 은혜로운 임재로 우리와 함께하신 것입니다.

1. 하나님은 우리를 자녀 삼아 주셨습니다.

1991년 4월, 하나님께서는 저에게 11개월 된 아이를 자녀로 주셨습니다. 가문도, 외모도, 성격도, 지능도, 아무것도 알지 못한 상태에서 저는 그를 자녀로 삼아 호적에 올리고 평화라고 불렀습니다. 낮에는 아내의 등에서, 아침저녁으로는 저의 팔을 베개 삼아 한 손으로 저의 귀를 만지면서 우유를 먹다 잠들곤 하였습니다. 교회에서 조촐한 돌잔치를 하였고, 성도들은 거의 매일이다시피 새 옷을 사다 입혔습니다. 어떤 이는 평화를 위해 고급 침대까지 사다 주는 정성을 다하였습니다. 이름 없는 가난한 한 농부가 천국에 감으로 말미암아 평화는 이렇게 저의 아들이 되었고, 육신적으로 "목사의 아들"로 신분이 바뀌면서 많은 이들의 뜨거운 사랑을 한없이 받게 되었습니다. 중, 고등학교에 다니는 누나들도 아낌없이 평화를 사랑하였습니다.

평화의 손짓, 발짓 하나하나가 그렇게 신기할 수가 없었고, 평화의 입에서 나오는 모든 소리는 그 어떤 음악보다도 저를 기쁘게 하였습니다. 제가 일과를 마치고 귀가할 때는 평화를 보고 싶은 급한 마음에 주차장에서부터 뛰기 시작했고, 엘리베이터는 또 그렇게 느릴 수가 없었습니다.

평화와 입맞춤을 하고 볼을 비비는 순간은 정말로 행복하였습니다. 제게 "아빠"라고 부르는 소리가 그렇게 좋을 수가 없었습니다.

이렇게 귀한 평화를 저의 아들로 삼은 것은 어떤 조건 때문이 아니었습니다. 제가 원해서 그냥 저의 아들이 된 것입니다. 하나님께서 우리를 자녀로 삼으실 때도 이와 마찬가지입니다.

회사에서 신입 사원을 선발할 때처럼 어떤 학력이나 자격, 그리고 일정 정도의 수준을 요구하는 것이 아니었습니다. 오히려 우리가 스스로 지은 죄로 말미암아 추하고 악해져서 저주와 죽음의 두려움으로 떨고 있을 때, 하나님께서 우리를 불쌍히 여기셔서 자녀로 삼아 구원해 주신 것입니다. 평화가 저를 아버지로 삼은 것이 아니요, 제가 평화를 아들로 삼은 것 같이 무조건적인 사랑으로, 하나님의 주권적 은혜로 우리를 자녀 삼으신 것입니다.

"너희가 나를 택한 것이 아니요, 내가 너희를 택하여 세웠나니, 이는 너희로 가서 열매를 맺게 하고 또 너희 열매가 항상 있게 하여 내 이름으로 아버지께 무

엇을 구하든지 다 받게 하려 함이라."(요15:16)

2. 하나님은 끝까지 참아 주십니다.

평화는 저와 잠깐이라도 헤어지는 것을 가장 싫어하였습니다. 그래서 저는 아침에 출근할 때 평화 몰래 숨어서 집을 나서야 했습니다. 그러나 그것도 잠시요, 이제는 아예 파수를 보고 있으니, 평화의 눈을 따돌릴 수가 없었습니다. 그래서 함께 출근하여 저는 일을 하고 평화는 교회 놀이터에서 놀다가, 저녁에 함께 퇴근하는 생활을 시작하였습니다. 출근하는 차 안에서 "찬양하라 내 영혼아, 찬양하라 내 영혼아, 내 속에 있는 것들아 다 찬양하라!" 하며 평화와 함께 찬양하는 순간이 너무 좋았습니다. 평화를 유치원에 입학시켰더니 저와 헤어지는 일로 고통스러워하는 것 같아, 더 나이가 들면 보내기로 하고 다시 저와 출퇴근을 시작하였습니다.

그러나 평화는 어린아이다 보니, 어른이며 목사의 입장인 제가 도저히 용납하기 힘든 문제를 일으키곤 하였습니다. 일방적으로 제가 자기만을 위해서 모든 것을 해 주기를 바랐고, 자신의 어린 감정에 제가 따를 것을 요구하였으며, 어떤 때는 도저히 용납할 수 없는 일들까지도 당연히 억지를 쓰는 바람에, 제 처지가 난처해진 적이 한두 번이 아니었습니다.

보다 못해 주변에서는 아이 버릇 나쁘게 만든다고 핀잔을 주기도 하였습니다. 그러나 저는 단연코 한 번도 "네가 누구인데 나에게 이렇게 함부로 구느냐? 내 입장을 이렇게 곤란하게 해도 되느냐? 네가 무엇인데 일방적으로 네 욕심만 채우려 하느냐?"고 꾸중해 본 적이 없었습니다. 평화의 모든 것이 그냥 좋기만 하였습니다.

그때 저는 생각했습니다. '아하, 하나님께서 우리를 이렇게 대하시는구나. 만약 하나님께서 우리에게 "도대체 너희들이 누군데 나에게 이래라저래라, 이것 달라 저것 달라, 큰소리치느냐?"라고 한 말씀만 하신다면, 우리의 삶은 절망의 수렁에서 헤어 나오지 못하는 비참한 존재들이구나.

저는 평화와의 나날의 부대낌을 통해 살아 계신 하나님의 자비로우심을 실감할 수 있었습니다.

끝까지 참으시며 한없이 너그러우시며 모든 것을 감싸시는 하나님의 사랑이 있기에, 오늘도 우리는 하나님을 아버지라고 부를 수 있고 하나님께 기도할 수 있다는 것을, 저는 평화를 통해 보았습니다.

3. 하나님은 우리 모두를 사랑하십니다.

우리 집에는 기쁨과 고운 이라는 두 자녀가 더 있는데, 사실은 평화가 기쁨이요, 고운 아름다움이며, 즐거움 그 자체였습니다. 잠을 잘 때도 평화는 제 귀를 만지며 잠이 들었고, 저는 평화의 고사리 같은 손을 쥐어야만 곤한 잠을 잘 수 있었습니다. 제가 자리에 누우면 평화는 다른 베개는 다 치우고 가장 낮은 내 베게를 찾아와 베게하여 주었습니다.

누나들이 옆에서 떠들면 아빠 쉰다고 조용히 하라며 야단을 치기도 하였습니다. 샤워할 때는 항상 평화는 제 등을 밀어준다고 억지로 저를 엎드리게 하였습니다. 텔레비전을 그렇게 좋아하면서도 뉴스 시간에는 꼭 저에게 양보하여 뉴스를 볼 수 있도록 배려하여 주곤 하였던 어린 어른이었습니다.

이렇게 그림자처럼 저를 따르던 평화가 저희와 40개월의 사랑을 천국감으로써 끝내고 말았습니다.

말 한마디 남기지 않고 훌쩍 떠나 버렸습니다. 저는 도무지 믿을 수도, 받아들일 수도 없었습니다. 30여 분 동안 회생시키려고 안간힘을 쓰던 의료진에게서 끝내 평화의 주검을 받아 안은 순간, 허방을 디디는 것 같은 깊은 절망감에 빠졌습니다. 집에 돌아와서 12시간 안에 평화의 영혼을 되돌려 달라고 밤새워 기도하였습니다. 눈물이 범벅이 되도록 하나님께 호소하였지만, 평화는 되돌아오지 않았습니다.

평화의 무덤에 장난감 자동차를 가져다주고, 평화가 사용하던 칫솔로 저의 이를 닦으면서 위로를 얻으려 해도, 평화와 이별한 고통은 쉽게 사라지지 않았습니다. 갑자기 심장을 칼로 도려내는 듯한 아픔, 가슴이 답답하여 숨을 쉴 수가 없어 큰 호흡을 계속해야 하는 고통이 계속 다가오기만 하였습니다. 어린아이들을 보면 모두 평화로 보였습니다. 잊으려고 여행을 가도 모든 것이 평화와 연관되어 더욱 고통스러울 뿐이었습니다. 평화와 같이 천국 가고 싶다는 생각뿐이었습니다.

세상의 모든 것들이 의미 없어 보였습니다. 누가 저에게 대통령의 자리를 준다 해도 전혀 위로가 될 것 같지 않았습니다. 그 어떤 귀한 상—설사 노벨상이라도—저에겐 무의미하였습니다. 오직 평화만 보고 싶었고, 평화의 목소리만 듣고 싶었습니다. 제겐 평화가 그대로 부귀요, 명예요, 권력이요, 영화였습니다. 아니 저의 생명 그 자체처럼 여겨졌습니다. 이 고통 가운데 하나님께서 저에게 깨달음을 주셨습니다.

"너와 혈연적 관계도 없는 평화가 잠시 너의 아들이 되었다가 떠난 것이 그렇게도 고통스럽냐? 나도 너를, 너희 모두를 사랑한단다. 아니, 네가 평화를 사랑하는 것보다 천 배 만 배 너를, 너희 모두를 사랑한단다."

하나님의 위로 음성이 귀를 때렸습니다. 한 생명을 천하보다도 귀히 여기시는 하나님의 사랑에 무릎 꿇을 수밖에 없었습니다. 하나님의 자녀 된 저를 천하보다 귀히 여기시는 그분의 사랑이 조금씩 느껴지기 시작했습니다. 저는 평화를 떠나보낸 고통 가운데 하나님의 자녀 된 우리를 하나님께서 얼마나 사랑하시는가를 뼈에 사무치도록 깨달았습니다.

4. 하나님은 우리를 포기하지 않으십니다.

저는 평화가 보고 싶어 견딜 수가 없었습니다. 꿈에서라도 보고 싶은데 볼 수 없었습니다.

평화와 친하게 지냈던 현도라는 아이가 있었습니다. 평화가 천국 가기 전날 밤에 현도의 꿈에 나타난 평화가 이렇게 말하더랍니다. "형, 나 먼저 갈 거야. 잘 있어." 그리고 천국 가던 날 밤에도 평화가 웃으면서 하늘로 날아가는 꿈을, 현도는 꾸었답니다. 그러나 저는 꿈에서조차 평화를 만날 수가 없었습니다.

그래서 가족들이 눈치채지 않도록 조용히 평화가 잠들어 있는 곳을 찾아가곤 했습니다. "평화야, 아빠 왔다."라고 해도 조용했습니다. "평화야, 아빠 간다."며 내려와도 조용하기만 했습니다. 제가 혼자 내려가는데도 평화는 아무 말도 없었습니다. 눈물이 앞을 가려 운전을 할 수 없었습니다. 차에서 통곡하고 있는 저에게 하나님께서 말씀하셨습니다.

"정명아, 네가 정녕 평화를 포기할 수 없느냐?"

저는 대답했습니다.

"결코 평화를 포기할 수 없습니다."

그러자 하나님께서 다시 물으셨습니다.

"그럼, 네가 평화를 살릴 수 있느냐?"

"하나님, 제힘으로는 평화를 살릴 수가 없습니다."

저의 힘없는 대답을 듣고 하나님께서 말씀하셨습니다.

"너는 평화를 살리지도 못하는 무능자이면서도 평화를 포기하지 못하는구나. 그러나 생각해 보아라. 전능한 나는 너희를 살릴 수가 있다. 너희를 살리기 위해 독생자 예수를 너희 대속물로 주기까지 하였다. 그런 나인데, 어떻게 너희들을 포기할 수 있겠느냐?"

땅에 묻혀 버려 살릴 수조차 없는 평화를 제가 포기하지 못하는데, 죽은 자도 살릴 수 있는 전능하신 하나님께서 어떻게 우리를 포기할 수 있겠는가, 하는 깨달음이 저의 심장을 떨게 하였습니다. 아니, 생명의 길이, 살림의

길이 저기 있는데, 딴 길로 가는 우리를 하나님께서 얼마나 안타까운 심정
으로 바라보고 계실까, 하는 마음이 저를 휩쌌습니다. 하나님께서는 우리를
도저히 포기할 수 없는 "사랑" 그 자체임을 절감하였습니다.

5. 하나님은 우리 죄를 기억하지 않으십니다.

교인들이 평화의 옷과 그리고 하다못해 장난감 하나까지도 다 치워 버
려서, 평화의 흔적을 찾을 수도 없는 것이 저에게는 더 큰 고통이었습니다.
그런데 신발장에 평화의 낡은 운동화 한 켤레가 남겨져 있었습니다. 새 운
동화를 사 달라고 조르는 아이에게 떨어진 밑창을 접착제로 붙여 주며 더
신으라고 주었던, 바로 그 운동화였습니다. 자전거를 사 달라고 해도, 새 운
동화를 사 달라고 해도, 새 예배당을 건축한 다음에 사주겠다고 미루었던
것이, 제 가슴을 다시 찢어 놓았습니다. 평화와 함께했던 40개월 동안, 더
베풀지 못했던 죄책감이 순간순간 저를 더 괴롭혔습니다. 비행기도 한번 태
워줄 것, 공원에라도 같이 손잡고 갈 걸, 모든 게 후회스러웠습니다.

그런데 이상한 것은, 평화가 저를 힘들게 했던 일들은 도무지 떠오르지
않았습니다. 아니, 그 일들이 도리어 아련한 추억으로만 제 가슴을 저미었
습니다. 오직 생각나는 것은 제가 해 주지 못한 것뿐이었습니다. 그것만이

저를 고통스럽게 몰아넣었던 것이었습니다. 우리가 아버지라 부르는 하나님도 그러실 것이라는 확신이 들었습니다.

"네가 평화의 잘못을 기억하지 못하는 것처럼, 나도 너희들의 죄를 기억하지 않는단다."

그것은 저의 옅은 믿음을 깊게 파 내려가는 것이었습니다. 하나님의 사랑을 흘려보낸 저의 얇은 속을 부끄럽게 만들었습니다. 무슨 잘못을 저질렀건 간에 회개만 하고 돌아서면 우리 죄를 기억하지 않고 용서해 주신다는 하나님의 긍휼하심에 새삼 감격해야 했습니다. 하나님은 사랑이기 때문에 그럴 수밖에 없는 분이심을 다시 한번 깨달았습니다.

하나님께서는 정말로 너와 나, 우리 모두를 사랑하십니다.
여느 어린아이에 지나지 않은 평화가 저에겐 생명보다 귀했던 것처럼,
하나님의 자녀 된 우리 또한 하나님에게는 더없이 귀한 존재들입니다.

세상은 손가락질하나 하나님께서는 우리의 손목을 잡아 주셨고,
세상은 멸시하나 하나님께서는 우리를 감싸 안으셨으며,
세상은 정죄하나 하나님께서는 우리의 허물과 죄까지도
외아들의 보혈 공로로 깨끗이 씻어 우리에게 흰옷을 입혀 주셨습니다.

평화는 40개월 동안 이땅에 살면서, 제가 보지 못했던 하나님을 볼 수 있게 해준 "어린 천사"였습니다. 외모도 뛰어나지 못했던 평범한 아이였으나 생명보다 귀한 저의 아들이었듯이, 하나님의 자녀 된 우리 또한 하나님 앞에서는 그런 존재들입니다. 보잘것없지만 하나님에게는 그보다 더 귀할 수가 없는 존재들입니다. 하나님의 자녀로 삼으셨기에 귀하고 소중한 존재들입니다.

이제 가을입니다.
스산한 바람이 불어오고,
화려했던 여름의 기억들이 길가에 낙엽으로 흩어지고 있습니다.

빨갛던 잎새도, 노랗던 잎새도, 또 다른 잎새도
아름답던 제 색깔을 잃으며 부스러지고 있습니다.

낙엽 같은 인생, 나그넷길을 기억하면서,
우리를 사랑하시는 하나님의 무한한 사랑을
생각하며 낙엽 위를 걸어 봅시다.

하나님의 자녀다운 옷차림과 마음가짐으로

우리 갈 길을 손에 손잡고 함께 걸어갑시다.

하나님은 사랑이십니다.

1994년 10월에 김정명 씀

에필로그

다윗은 주님께서 모든 것 형통하게 해 주셨던 시절에, 밧세바와 불륜을 맺고 밧세바가 임신하자 임신한 사실을 감추기 위해 우리아 장군을 살해하고, 자신의 욕망과 시나리오대로 밧세바를 자기 아내로 맞이하여 평안한 생활을 누리고 있었습니다.

강력한 왕권을 수단 삼아, 불륜도 살인도 드러나지 않게 감출 수 있었던 것입니다. 그러다가 결국 하나님께서 선지자 나단을 보내서 책망하시기에 이르니, 그동안 숨겨왔던 자신의 추악한 범죄행위가 주님의 빛 아래 낱낱이 드러나자, 자신의 죄를 자백하고 눈물로 회개하여 하나님께 용서받게 되었습니다.

우리도 다윗처럼 혹은 그 이상으로, 자신의 나약함과 허물, 실수와 실패, 나아가서는 인간이기에 저지를 수밖에 없는 악하고 더러운 죄를 누구나 갖고 있습니다. 그러나 이것을 인간적으로 우월함, 세속적인 지위나 권력,

목회 성공과 부흥을 통해 바리새인의 외식하는 행위처럼 밖으로 드러나지 않도록 감추고 있으면서도 자신이 감추고 있다는 이 사실을 망각해 버리고 떳떳한 것인 양 살고 있습니다. 자신의 속사람은 썩어져 가고 있는데, 겉모습으로 보는 자신은 제법 괜찮은 사람이라고 스스로 속이면서, 교만과 이기심, 상실한 마음 그대로 무늬만 평안한 삶을 살아가고 있지는 않습니까?

저 또한 예외 없이 그런 사람 중 한 사람이었습니다. 은퇴 후, 그동안 지내왔던 삶을 반성하면서 예수님의 겸손하심과 온유하심을 처음부터 다시 배우려고 노력하던 가운데, 그동안 저의 내면에 꼭꼭 숨어 있었던 저의 실수, 실패, 허물과 죄가 다시금 주님 앞에 드러났고, 그러나 이 모든 것들도 온전한 주님의 은혜로 하나하나 새롭게 깨달아지는 시간이었습니다.

매일 매 순간 주님을 생각하며 "주님 죄송하고 죄송합니다." 하였고, 교인들을 떠올리며 "미안합니다."라고 하면서, 지나온 삶들에 대해 반성과 후회, 그리고 회개를 부지런히 하고 있습니다. 우리 뒤늦게 철 든 이후에, 때늦은 회한과 후회로 인생 후반부를 낭비하지 말고, "날마다 죽노라." 선포하면서 자기 자신을 쳐서 복종시켰던 사도 바울처럼, 자신과의 선한 싸움을 지금, 바로 여기에서부터 시작하시고 매일 완수해 나가면 어떠실는지요?

우리 스스로 마귀가 우리를 속이도록 내버려 두지 말고 철저하게 자신을 성찰하면서, 그동안 드러나지 않았던 우리의 실수와 허물, 더러움과 죄악으로 가득 찬 옛 자아의 모습을 찾아내, 성령님의 도움 받아 회개하고 변화 되어서, 예수님께서 부여하신 빛과 소금으로서의 사명을 다하는 천국 독립군 모두가 되시기를 바랍니다.

우리가 포기하지 않고 끝까지 인내하며 노력한다면, "주 예수 내 맘에 들어와 계신 후 변하여 새사람 되고~." 이 찬송을 내 마음에 한 가지 거리낌도 없이 온전히 기뻐하며 부를 수 있을 것 같습니다(갈 6:9).

도스토옙스키가 "만인은 만인에게 죄인이다."라고 한 말이 이제야 머리가 아닌 가슴으로, 그것도 조금이나마 느껴집니다. 우리는 주님 앞에서뿐만 아니라 서로에게도 죄인이기에, 서로 존중하고 배려하고 용납하고 용서하고 사랑하면서, 하늘나라를 회복하는 빛과 소금이 되어, 천국 독립군으로서의 소명을 감당하게 되기를 소망합니다.

"믿음과 착한 양심을 가지라 어떤 이들은 이 양심을 버렸고 그 믿음에 관하여는 파선하였느니라."(딤전1:19)

천국 독립군
2023년 9월 25일 초판 1쇄 발행

지은이 | 김정명•이창우

발행인 | 이창우
기획편집 | 이창우
표지 디자인 | 이창우
본문 디자인 | 이창우
교정·교열 | 지혜령

펴낸곳 | 도서출판 카리스 아카데미
주소 | 세종시 시청대로 20 아마존타워 402호
전화 | 대표 (044)863-1404(한국 키르케고르 연구소)
편집부 | 010-4436-1404
팩스 | (044)863-1405
이메일 | truththeway@naver.com

출판등록 | 2019년 12월 31일 제 569-2019-000052호